乡村振兴战略理论与
经济发展研究

闫家慧 胡红斌 庄绪红 ◎著

中国商务出版社
·北京·

图书在版编目（CIP）数据

乡村振兴战略理论与经济发展研究 / 闫家慧，胡红斌，庄绪红著. -- 北京：中国商务出版社，2023.5
ISBN 978-7-5103-4709-2

Ⅰ. ①乡… Ⅱ. ①闫… ②胡… ③庄… Ⅲ. ①农村－社会主义建设－研究－中国 Ⅳ. ①F320.3

中国国家版本馆CIP数据核字(2023)第098603号

乡村振兴战略理论与经济发展研究
XIANGCUN ZHENXING ZHANLÜE LILUN YU JINGJI FAZHAN YANJIU

闫家慧　胡红斌　庄绪红　著

出　　版：	中国商务出版社		
地　　址：	北京市东城区安外东后巷28号	邮　编：	100710
责任部门：	外语事业部（010-64283818）		
责任编辑：	李自满		
直销客服：	010-64283818		
总 发 行：	中国商务出版社发行部 （010-64208388　64515150）		
网购零售：	中国商务出版社淘宝店 （010-64286917）		
网　　址：	http://www.cctpress.com		
网　　店：	https://shop595663922.taobao.com		
邮　　箱：	347675974@qq.com		
印　　刷：	北京四海锦诚印刷技术有限公司		
开　　本：	787毫米×1092毫米　1/16		
印　　张：	10	字　数：	206千字
版　　次：	2024年4月第1版	印　次：	2024年4月第1次印刷
书　　号：	ISBN 978-7-5103-4709-2		
定　　价：	70.00元		

凡所购本版图书如有印装质量问题，请与本社印制部联系（电话：010-64248236）

版权所有　盗版必究　（盗版侵权举报可发邮件到本社邮箱：cctp@cctpress.com）

前言

鉴于我国农村面积广大、人口众多，农村发展的差异性和多样性特征明显，特别是随着工业化、城镇化进程的快速推进，城乡发展不平衡、大量乡村凋敝、生态环境恶化、传统文化衰落、农村社会治理难度加大等现实问题也更加突出。我国建设社会主义现代化强国，最大的短板和最艰巨繁重的任务在农村，人民日益增长的美好生活需要和不平衡不充分的发展之间的矛盾突出表现在农村，但实现现代化最广泛的最深厚的基础、最大的潜力和后劲也在农村。因此，乡村全面振兴就显得格外迫切。

乡村兴则国家兴，乡村衰则国家衰。要深刻理解和推动乡村振兴，必须从我国农村发展的历史沿革、乡村振兴战略的理论探讨，清楚认识乡村振兴这一伟大命题"从何处来""向何处行"，促进理论与实践较好结合，推动我国乡村全面振兴，实现经济高质量发展。

本书是一本关于乡村振兴战略理论与经济发展方面研究的著作；全书首先对乡村振兴战略的概念与发展进行简要概述，介绍了乡村振兴战略的背景、重要意义、科学内涵及战略导向等内容；然后对乡村振兴战略背景下乡村经济产业发展的相关问题进行梳理和分析，包括特产产业的创新发展、乡村旅游产业的发展、乡村生鲜电商平台商业模式的构建等等；最后在乡村产业的绿色发展之路上进行探讨。本书论述严谨，结构合理，条理清晰，内容丰富，其能为当前的乡村振兴战略理论与经济发展相关理论的深入研究提供借鉴。该书稿具有重大历史性、理论性和实践性意义。

撰写本书过程中，参考和借鉴了一些知名学者和专家的观点及论著，在此向他们表示深深的感谢。由于水平和时间所限，书中难免会出现不足之处，希望各位读者和专家能够提出宝贵意见，以待进一步修改，使之更加完善。

目 录

第一章　乡村振兴战略概述 ... 1

第一节　乡村振兴战略的背景及重要意义 ... 1

第二节　乡村振兴战略的科学内涵及战略导向 ... 4

第二章　乡村振兴战略规划及产业振兴 ... 16

第一节　乡村振兴战略规划概述 ... 16

第二节　乡村振兴战略规划制订的基础与分类 ... 24

第三节　乡村产业振兴的发展潜力与重点任务 ... 28

第四节　完善乡村产业振兴的支持政策及具体举措 ... 31

第三章　乡村振兴战略下特产产业的创新发展 ... 38

第一节　特产品开发融合创新 ... 38

第二节　特产品开发创新过程 ... 53

第三节　特产品开发的经济优势 ... 58

第四节　特产品的创新营销 ... 67

第四章　乡村振兴战略下乡村旅游产业的发展 ... 77

第一节　乡村振兴战略下的乡村旅游发展 ... 77

第二节　乡村振兴战略与田园综合体 ... 87

第三节　乡村振兴战略下智慧乡村特色小镇发展 ... 95

第四节　乡村振兴战略下抱团取暖型"共享农庄"研究 ... 100

第五节　乡村旅游振兴可持续发展策略 ... 104

第五章　乡村生鲜电商平台商业模式的构建 ………………………… 119

　　第一节　生鲜电商模式与发展背景 ………………………………… 119

　　第二节　生鲜电商行业的发展与变革 ……………………………… 125

　　第三节　生鲜电商平台商业模式的构建与分析 …………………… 130

第六章　乡村产业的绿色发展之路 …………………………………… 141

　　第一节　乡村绿色发展的基本特征 ………………………………… 141

　　第二节　绿色农业产业结构的构建 ………………………………… 144

　　第三节　乡村绿色发展的保障机制 ………………………………… 146

参考文献 ………………………………………………………………… 150

第一章 乡村振兴战略概述

第一节 乡村振兴战略的背景及重要意义

一、乡村振兴战略的背景

农村经济落后于城市经济、农村居民生活水平落后于城市居民生活水平是当下我国实施乡村振兴战略最大的现实背景。

（一）城乡发展不平衡突出

城乡发展不平衡是我国特有的经济现象。长期处于高位的城乡地区发展差距，对我国城乡地区实现共同富裕形成了重大挑战。我国城乡差距在世界范围内都是偏高的。此外，从城乡差距对全国收入差距的贡献程度来看，我国城乡差距的贡献占到了27%左右，而如瑞士、芬兰、加拿大等国的贡献份额不到10%，发展中国家如菲律宾和印度的城乡差距贡献也不超过20%。因此，城乡收入差距是我国城乡发展不平衡的一个重要表现。

除了在收入维度，城乡社会的差距还体现在其他方面，比较突出的表现就是在教育、健康等人力资本投入上的差距。无论是教育投入、医疗投入，还是医疗保障和养老保障方面，城乡之间都存在明显差距。在养老保障方面，城乡差距甚至远超日常讨论较多的城乡收入差距。

当前，我国社会的主要矛盾已经转变为人民日益增长的美好生活需要和不平衡不充分的发展之间的矛盾。纵观我国，城乡差距是发展最大的不平衡现象。农村居民收入偏低，农村家庭对教育、人力资本投入的不足，以及基本公共服务的城乡差别对缩小城乡差距都造成了较大挑战，不利于我国实现共同富裕的目标。在这样的背景之下，实施乡村振兴战略，缓解我国长期的城乡发展不平衡问题，对我国中长期扎实推进共同富裕、在21世纪中叶实现共同富裕的目标来说都将扮演重要作用。

（二）农业农村现代化水平偏低

城乡地区发展不平衡背后一个重要的因素在于城乡产业结构的差异。由于农业农村的现代化水平较低，我国农业农村的可持续发展、农民的可持续增收存在较大难题，这也成为城乡地区实现共同富裕的重要难题。农业人口较多地集中在有限的土地资源，农民的人均耕地面积偏低，务农劳动收益偏低，农业的规模化经营、机械化生产以及科技化应用都难以实现，我国农业现代化水平呈现整体偏低的局面。

总之，我国农业农村的发展仍然存在结构性问题，缺乏现代化农业的生产方式，仍然有较多的劳动力在从事小规模的农业经营，农业劳动的收益偏低。农业发展不充分的现象不利于农民的稳定增收，更不利于农产品国际竞争力的提高；农产品市场对政府财政补贴的依赖日益严重。乡村振兴，"产业兴旺"是重点，实施乡村振兴战略，推动我国农业农村实现现代化，对农村地区、农村产业、农民生活的可持续发展都具有重要意义，这也是三农事业在共同富裕目标中的应有之义。

（三）农村仍有较多低收入人口

除了城乡之间的关系，农村内部的贫富差距也值得引起关注。2020年是我国全面建成小康社会、消除绝对贫困的收官之年，意味着在现行的贫困标准下，我国农村的贫困人口已经全面实现脱贫。但是，绝对贫困的消除并不意味着贫困的终结。

我国依旧存在着规模庞大的农村低收入人口，要实现共同富裕必然要重视低收入人口的可持续发展。虽然我国已经全面消除了绝对贫困，但当前农村贫困家庭收入构成中，来自政府补贴的转移性收入占比达到42%，而且脱贫人口仍存在着返贫风险高、内生动力不足的现象。为了低收入人口的可持续发展，脱贫攻坚成果需要巩固，脱贫不脱政策仍需要继续执行。乡村振兴战略正好可以将脱贫攻坚过程中形成的一系列行之有效的政策、制度和工作体系以新的形式移植到乡村振兴的框架中来，从而与脱贫攻坚战略有效衔接。

总之，绝对贫困消除以后，为了实现全体人民共同富裕，仍需要重视庞大的低收入人口的可持续发展问题，这也是与世界银行提出到2030年要促进低收入人口"共享繁荣"（shared prosperity）目标的统一。实施乡村振兴战略，有助于与脱贫攻坚战略进行有效衔接，重点关注低收入人口的可持续发展问题，为低收入人口提供兜底保障，促进共享繁荣、共同富裕目标的逐步实现。

综上，由于城乡发展不平衡现象突出、农业现代化水平偏低、农村仍有较多低收入人口，实施乡村振兴已成为实现共同富裕的必然要求。乡村振兴对城乡共同富裕的重要性不言而喻，然而实施乡村振兴还面临较多挑战，如果不能解决这些挑战，实现共同富裕的目标将会困难重重。

二、实施乡村振兴战略的重要意义

实施乡村振兴战略，具有重大的历史性、理论性和实践性意义。从历史角度看，它是在新的起点上总结过去，谋划未来，深入推进城乡发展一体化，提出了乡村发展的新要求新蓝图。从理论角度看，它是深化改革开放，实施市场经济体制，系统解决市场失灵问题的重要抓手。从实践角度看，它是呼应老百姓新期待，以人民为中心，把农业产业搞好，把农村保护建设好，把农民发展进步服务好，提高人的社会流动性，扎实解决农业现代化发展、社会主义新农村建设和农民发展进步遇到的现实问题的重要内容。

（一）实施乡村振兴战略是解决发展不平衡不充分矛盾的迫切要求

中国特色社会主义进入新时代，它明确了我国发展新的历史方位。新时代，伴随社会主要矛盾的转化，对经济社会发展提出更高要求。新时代我国社会主要矛盾已经转化为人民日益增长的美好生活需要和不平衡不充分的发展之间的矛盾。改革开放以来，随着工业化的快速发展和城市化的深入推进，我国城乡出现分化，农村发展也出现分化，目前，最大的不平衡是城乡之间发展的不平衡和农村内部发展的不平衡，最大的不充分是"三农"发展的不充分，包括农业现代化发展的不充分、社会主义新农村建设的不充分、农民群体提高教科文卫发展水平和共享现代社会发展成果的不充分等。从决胜全面建成小康社会，到基本实现社会主义现代化，再到建成社会主义现代化强国，解决这一新的社会主要矛盾需要实施乡村振兴战略。

（二）实施乡村振兴战略是解决市场经济体系运行矛盾的重要抓手

改革开放以来，我国始终坚持市场经济改革方向，市场在资源配置中发挥越来越重要的作用，提高了社会稀缺配置效率，促进了生产力发展水平大幅提高，社会劳动分工越来越深、越来越细。随着市场经济深入发展，需要考虑市场体制运行所内含的生产过剩矛盾以及经济危机等问题，需要不断扩大稀缺资源配置的空间和范围。解决问题的途径是实行国际国内两手抓，除了把对外实行开放经济战略、推动形成对外开放新格局，包括以"一带一路"建设为重点加强创新能力开放合作，拓展对外贸易、培育贸易新业态新模式、推进贸易强国建设，实行高水平的贸易和投资自由化便利化政策，创新对外投资方式、促进国际产能合作，加快培育国际经济合作和竞争新优势等作为重要抓手外，也需要把对内实施乡村振兴战略作为重要抓手，形成各有侧重和相互补充的长期经济稳定发展战略格局。由于国际形势复杂多变，相比之下，实施乡村振兴战略更加安全可控、更有可能做好和更有福利效果。

— 3 —

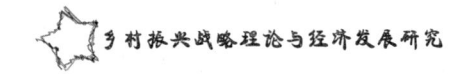

(三) 实施乡村振兴战略是解决农业现代化的重要内容

经过多年持续不断的努力，我国农业农村发展取得了重大成就，现代农业建设取得重大进展，粮食和主要农产品供求关系发生了重大变化，大规模的农业剩余劳动力转移进城，农民收入持续增长，脱贫攻坚取得决定性进展，农村改革实现重大突破，农村各项建设全面推进，为实施乡村振兴战略提供了有利条件。与此同时，在实践中，由于历史原因，目前，农业现代化发展、社会主义新农村建设和农民的教育科技文化发展存在很多突出问题迫切需要解决。面向未来，随着我国经济不断发展，城乡居民收入不断增长，广大市民和农民都对新时期农村的建设发展存在很多期待。把乡村振兴作为党和国家战略，统一思想，提高认识，明确目标，完善体制，搞好建设，加强领导和服务，不仅呼应了新时期全国城乡居民发展新期待，而且也将引领农业现代化发展和社会主义新农村建设以及农民教育科技文化进步。

第二节 乡村振兴战略的科学内涵及战略导向

相比较新农村建设而言，乡村振兴战略的内容更全面，内涵更丰富，层次更高，目标更大，这是新时代我国农村工作发展方向和理念的一次深刻变革。其战略导向体现在"三个坚持"，即坚持高质量发展、坚持农业农村优先发展、坚持走城乡融合发展道路。

一、乡村振兴战略的科学内涵

（一）产业兴旺是乡村振兴的核心

新时代推动农业农村发展核心是实现农村产业发展。农村产业发展是农村实现可持续发展的内在要求。从中国农村产业发展历程来看，过去一段时期内主要强调生产发展，而且主要是强调农业生产发展，其主要目标是解决农民的温饱问题，进而推动农民生活向小康迈进。从生产发展到产业兴旺，这一提法的转变，意味着新时代党的农业农村政策体系更加聚焦和务实，主要目标是实现农业农村现代化。产业兴旺要求从过去单纯追求产量向追求质量转变、从粗放型经营向精细型经营转变、从不可持续发展向可持续发展转变、从低端供给向高端供给转变。城乡融合发展的关键步骤是农村产业融合发展。产业兴旺不仅要实现农业发展，还要丰富农村发展业态，促进农村一、二、三产业融合发展，更加突出以推进供给侧结构性改革为主线，提升供给质量和效益，推动农业农村发展提质增效，更好地实现农业增产、农村增值、农民增收,打破农村与城市之间的壁垒。农民生活富裕前提是产业兴旺,而农民富裕、产业兴旺又是乡风文明和有效治理的基础,只有产业兴旺、农民富裕、乡风文明、治理有效有机统一起来才能真正提高生态宜居水平。产业兴旺作为实施乡村振兴战略的第一要求,充分说明了农村产业发展的重要性。当前,我国农村产业发展还面临区域特色和整体优势不足、产业布局缺少整体规划、产业结构较为单一、产业市场竞争力不强、效益增长空间较为狭小与发展的稳定性较差等问题,实施乡村振兴战略必须紧紧抓住产业兴旺这个核心,作为优先方向和实践突破点,真正打通农村产业发展的"最后一公里",为农业农村实现现代化奠定坚实的物质基础。

(二) 生态宜居是乡村振兴的基础

加快生态文明体制改革,建设美丽中国。美丽中国起点和基础是美丽乡村,乡村振兴战略提出要建设生态宜居的美丽乡村,更加突出了新时代重视生态文明建设与人民日益增长的美好生活需要的内在联系。乡村生态宜居不再是简单强调单一化生产场域内的"村容整洁",而是对"生产、生活、生态"为一体的内生性低碳经济发展方式的乡村探索。生态宜居的内核是倡导绿色发展,是以低碳、可持续为核心,是对"生产场域、生活家园、生态环境"为一体的复合型"村镇化"道路的实践打造和路径示范。绿水青山就是金山银山。乡村产业兴旺本身就蕴含着生态底色,通过建设生态宜居家园实现物质财富创造与生态文明建设互融互通,走出一条具有中国特色的乡村绿色可持续发展道路,在此基础上真正实现更高品质的生活富裕。同时,生态文明也是乡风文明的重要组成部分,乡风文明内涵则是对生态文明建设的基本要求。此外,实现乡村生态的更好治理是实现乡村有效治理的重要内容,治理有效必然包含着有效的乡村生态治理体制机制。从这个意义而言,打造生态宜居的美丽乡村必须把乡村生态文明建设作为基础性工程扎实推进,让美丽乡村看得见未来,留得住乡愁。

(三) 乡风文明是乡村振兴的关键

文明中国根在文明乡风,文明中国要靠乡风文明。乡村振兴想要实现新发展,彰显新气象,传承和培育文明乡风是关键。乡土社会是中华民族优秀传统文化的主要阵地,传承和弘扬中华民族优秀传统文化必须注重培育和传承文明乡风。乡风文明是乡村文化建设和乡村精神文明建设的基本目标,培育文明乡风是乡村文化建设和乡村精神文明建设的主要内容。乡风文明的基础是重视家庭建设、家庭教育和家风家训培育。家庭和睦则社会安定,家庭幸福则社会祥和,家庭文明则社会文明;良好的家庭教育能够授知识、育品德,提高精神境界、培育文明风尚;优良的家风家训能够弘扬真善美、抑制假恶丑,营造崇德向善、见贤思齐的社会氛围。积极倡导和践行文明乡风能够有效净化和涵养社会风气，培育乡村德治土壤，推动乡村有效治理；能够推动乡村生态文明建设，建设生态宜居家园；能够凝人心、聚人气，营造干事创业的社会氛围，助力乡村产业发展；能够丰富农民群众文化生活，汇聚精神财富，实现精神生活上的富裕。实现乡风文明要大力实施农村优秀传统文化保护工程，深入研究阐释农村优秀传统文化的历史渊源、发展脉络、基本走向；要健全和完善家教家风家训建设工作机制，挖掘民间蕴藏的丰富家风家训资源，让好家风好家训内化为农民群众的行动遵循；要建立传承弘扬优良家风家训的长效机制，积极推动家风家训进校园、进课堂活动，编写优良家风家训通识读本，积极创作反映优良家风家训的优秀文艺作品，真正把文明乡风建设落到实处，落到细处。

（四）治理有效是乡村振兴的保障

实现乡村有效治理是推动农村稳定发展的基本保障。乡村治理有效才能真正为产业兴旺、生态宜居、乡风文明和生活富裕提供秩序支持，乡村振兴才能有序推进。新时代乡村治理的明显特征是强调国家与社会之间的有效整合，盘活乡村治理的存量资源，用好乡村治理的增量资源，以有效性作为乡村治理的基本价值导向，平衡村民自治实施以来乡村社会面临的冲突和分化。也就是说，围绕实现有效治理这个最大目标，乡村治理技术手段可以更加多元、开放和包容。只要有益于推动实现乡村有效治理的资源都可以充分地整合利用，而不再简单强调乡村治理技术手段问题，而忽视对治理绩效的追求和乡村社会的秩序均衡。要健全自治、法治、德治相结合的乡村治理体系，这不仅是实现乡村治理有效的内在要求，也是实施乡村振兴战略的重要组成部分。这充分体现了乡村治理过程中国家与社会之间的有效整合，既要盘活村民自治实施以来乡村积淀的现代治理资源，又毫不动摇地坚持依法治村的底线思维，还要用好乡村社会历久不衰、传承至今的治理密钥，推动形成相辅相成、互为补充、多元并蓄的乡村治理格局。从民主管理到治理有效，这一定位的转变，既是国家治理体系和治理能力现代化的客观要求，也是实施乡村振兴战略，推动农业农村现代化进程的内在要求。而乡村治理有效的关键是健全和完善自治、法治、德治的耦合机制，让乡村自治、法治与德治深度融合、高效契合。例如，积极探索和创新乡村社会制度内嵌机制，将村民自治制度、国家法律法规内嵌入村规民约、乡风民俗中去，通过乡村自治、法治和德治的有效耦合，推动乡村社会实现有效治理。

（五）生活富裕是乡村振兴的根本

生活富裕的本质要求是共同富裕。改革开放40年来，农村经济社会发生了历史性巨变，农民的温饱问题得到彻底解决，农村正在向着全面建成小康社会迈进。但是，广大农村地区发展不平衡不充分的问题也日益凸显，积极回应农民对美好生活的诉求必须直面和解决这一问题。生活富裕不富裕，对于农民而言有着切身感受。长期以来，农村地区发展不平衡不充分的问题无形之中让农民感受到了一种"被剥夺感"，农民的获得感和幸福感也随之呈现出"边际现象"，也就是说，简单地靠存量增长已经不能有效提升农民的获得感和幸福感。生活富裕相较于生活宽裕而言，虽只有一字之差，但其内涵和要求却发生了非常大的变化。生活宽裕的目标指向主要是解决农民的温饱问题，进而使农民的生活水平基本达到小康，而实现农民生活宽裕主要依靠的是农村存量发展。生活富裕的目标指向则是农民的现代化问题，是要切实提高农民的获得感和幸福感，消除农民的"被剥夺感"，而这也使得生活富裕具有共同富裕的内在特征。如何实现农民生活富裕？显然，靠农村存量发展已不具有可能性。有效激活农村增量发展空间是解决农民生活富裕的关键，而乡村振兴战略提出的产业兴旺则为农村增量发展提供了方向。

二、推进乡村振兴的战略导向

（一）坚持高质量发展

我国经济已由高速增长阶段转向高质量发展阶段，必须坚持质量第一、效益优先，以供给侧结构性改革为主线，推动经济发展质量变革、效率变革、动力变革。实施乡村振兴战略是建设现代化经济体系的主要任务之一，尽管实施乡村振兴战略涉及的范围实际上超出经济工作，但推动乡村振兴高质量发展应该是实施乡村振兴战略的基本要求和重大导向之一。在实施乡村振兴战略的过程中，坚持高质量发展的战略导向，需要弄清楚什么是乡村振兴的高质量发展，怎样实现乡村振兴的高质量发展？

1. 突出抓重点、补短板、强弱项的要求

随着中国特色社会主义进入新时代，中国社会主要矛盾转化为人民日益增长的美好生活需要和不平衡不充分的发展之间的矛盾。实施乡村振兴战略的质量如何，首先要看其对解决社会主要矛盾有多大实质性的贡献，对于缓解工农城乡发展不平衡和"三农"发展不充分的问题有多大实际作用。比如，随着城乡居民收入和消费水平的提高，社会需求结构加快升级，呈现个性化、多样化、优质化、绿色化迅速推进的趋势。这要求农业和农村产业发展顺应需求结构升级的趋势，增强供给适应需求甚至创造需求、引导需求的能力。与此同时，对农村产业发展在继续重视"生产功能"的同时，要求更加重视其生活功能和生态功能，将重视产业发展的资源环境和社会影响，同激发其科教、文化、休闲娱乐、环境景观甚至体验功能结合起来。尤其是随着90后、00后、10后逐步成为社会的主流消费群体，产业发展的生活、生态功能更加需要引起重视。以农业为例，要求农业在"卖产品"

的同时，更加重视"卖风景""卖温情""卖文化""卖体验"，增加对人才、人口的吸引力。近年来，电子商务的发展日益引起重视，一个重要原因是其有很好的链接和匹配功能，能够改善居民的消费体验、增进消费的便捷性和供求之间的互联性，而体验、便利、互联正在成为实现社会消费需求结构升级和消费扩张的重要动力，尤其为边角化、长尾性、小众化市场增进供求衔接和实现规模经济提供了新的路径。

2. 突出推进供给侧结构性改革

推进供给侧结构性改革的核心要义是按照创新、协调、绿色、开放、共享的新发展理念，提高供给体系的质量、效率和竞争力，即增加有效供给，减少无效供给，增强供给体系对需求体系和需求结构变化的动态适应和反应能力。当然，这里的有效供给包括公共产品和公共服务的有效供给。这里的提高供给体系质量、效率和竞争力，首先表现为提升农业和农村产业发展的质量、效率和竞争力；除此之外，还表现在政治建设、文化建设、社会建设和生态文明建设等方方面面，体现这些方面的协同性、关联性和整体性。解决好"三农"问题之所以要被始终作为全党工作的"重中之重"，归根到底是因为它是一个具有竞争弱势特征的复合概念，需要基于使市场在资源配置中起决定性作用，通过更好发挥政府作用矫正市场失灵问题。实施乡村振兴战略旨在解决好"三农"问题，重塑新型工农城乡关系。因此，要科学区分"三农"问题形成演变中的市场失灵和政府失灵，以推进供给侧结构性改革为主线，完善体制机制和政策环境。借此，将支持农民发挥主体作用、提升农村人力资本质量与调动一切积极因素并有效激发工商资本、科技人才、社会力量参与乡村振兴的积极性结合起来，通过完善农村发展要素结构、组织结构、布局结构的升级机制，更好地提升乡村振兴的质量、效率和竞争力。

3. 协调处理实施乡村振兴战略与推进新型城镇化的关系

虽然推进新型城镇化也需要"紧紧围绕提高城镇化发展质量"，也需要"因势利导、趋利避害"，仍是解决"三农"问题的重要途径，但城镇化更是"我国发展必然要遇到的经济社会发展过程""是现代化的必由之路"，必须"使城镇化成为一个顺势而为、水到渠成的发展过程"。而实施七大战略则与此有明显不同，更需要摆在经济社会发展的突出甚至优先位置，更需要大力支持。否则，容易出现比较大的问题，甚至走向其反面。实施乡村振兴战略是贯穿21世纪中叶全面建设社会主义现代化国家过程中的重大历史任务。虽然推进新型城镇化是中国经济社会发展中的一个重要战略问题，但到2030—2035年城镇化率达到75%左右后，中国城镇化将逐步进入饱和阶段，届时城镇化率提高的步伐将明显放缓，城镇化过程中的人口流动将由乡—城单向流动为主转为乡—城流动、城—城流动并存，甚至城—乡流动的人口规模也会明显增大。届时，城镇化的战略和政策将会面临重大阶段性转型，甚至逆城镇化趋势也将会明显增强。至于怎样科学处理实施乡村振兴战略与推进新型城镇化的关系，关键是建立健全城乡融合发展的体制机制和政策体系。

4. 科学处理实施乡村振兴战略与推进农业农村政策转型的关系

乡村振兴的高质量发展，最终体现为统筹推进增进广大农民的获得感、幸福感、安全感和增强农民参与乡村振兴的能力。2018年，《中共中央国务院关于实施乡村振兴战略的意见》（以下简称"中央一号文件"）把"坚持农民主体地位"作为实施乡村振兴战略的基本原则之一，要求"调动亿万农民的积极性、主动性、创造性，把维护农民群众根本利益、促进农民共同富裕作为出发点和落脚点，促进农民持续增收"。如果做到这一点，不断提升农民的获得感、幸福感、安全感就有了坚实的基础。在推进工业化、信息化、城镇化和农业现代化的过程中，农民利益最容易受到侵犯，最容易成为增进获得感、幸福感、安全感的薄弱环节。注意增进广大农民的获得感、幸福感、安全感，正是实施乡村振兴战略的重要价值所在。当然也要看到，在实施乡村振兴战略的过程中，农民发挥主体作用往往面临观念、能力和社会资本等局限。因此，调动一切积极因素，鼓励社会力量和工商资本带动农民在参与乡村振兴的过程中增强参与乡村振兴的能力，对于提升乡村振兴质量至关重要。

（二）坚持农业农村优先发展

要坚持农业农村优先发展。这从根本上是因为工农城乡发展不平衡和"三农"发展不充分，是当前中国发展不平衡不充分最突出的表现。此外，因为"三农"发展对促进社会稳定和谐、调节收入分配、优化城乡关系、增强经济社会活力和就业吸纳能力及抗风险能力等，可以发挥重要的作用，具有较强的公共品属性；在发展市场经济条件下，"三农"发展在很大程度上呈现竞争弱势特征，容易存在市场失灵问题。因此，需要在发挥市场对资源配置起决定性作用的同时，通过更好发挥政府作用，优先支持农业农村发展，解决好市场失灵问题。鉴于"农业农村农民问题是关系国计民生的根本性问题，必须始终把解决好'三农'问题作为全党工作重中之重"，按照增强系统性、整体性、协同性的要求和突出抓重点、补短板、强弱项的方向，坚持农业农村优先发展应该是实施乡村振兴战略的必然要求。

学习关于"坚持推动构建人类命运共同体"的思想，也有利于更好地理解坚持农业农村优先发展的重要性和紧迫性。在当今世界大发展、大变革、大调整的背景下，面对世界多极化、经济全球化、社会信息化、文化多样化深入发展的形势，"各国日益相互依存、命运与共，越来越成为你中有我、我中有你的命运共同体"。相对于全球，国内发展、城乡之间更是命运共同体，更需要"保证全体人民在共建共享发展中有更多获得感"。面对国内工农发展、城乡发展失衡的状况，用命运共同体思想指导"三农"工作和现代化经济体系建设，更应坚持农业农村优先发展，借此有效防范因城乡之间、工农之间差距过大导致社会断裂，增进社会稳定和谐。

各级党委和政府要坚持工业农业一起抓、坚持城市农村一起抓，并把农业农村优先发展的要求落到实处。这为我们提供了坚持农业农村优先发展的路线图和"定盘星"。那么，在实践中如何坚持农业农村优先发展？本文认为，可借鉴国外尤其是国外支持中小企业的思路，同等优先地加强对农业农村发展的支持。具体地说，要注意以下几点：

1. 以完善产权制度和要素市场化配置为重点，优先加快推进农业农村市场化改革

《国务院关于在市场体系建设中建立公平竞争审查制度的意见》（国发〔2016〕34号）提出，"公平竞争是市场经济的基本原则，是市场机制高效运行的重要基础""统一开放、竞争有序的市场体系，是市场在资源配置中起决定性作用的基础"，要"确立竞争政策基础性地位"。为此，要通过强化公平竞争的理念和社会氛围，以及切实有效的反垄断措施，完善维护公平竞争的市场秩序，促进市场机制有效运转；也要注意科学处理竞争政策和产业政策的关系，积极促进产业政策由选择性向功能性转型，并将产业政策的主要作用框定在市场失灵领域。

为此，要通过强化竞争政策的基础地位，积极营造有利于"三农"发展，并提升其活力和竞争力的市场环境，引导各类经营主体和服务主体在参与乡村振兴的过程中公平竞争，成为富有活力和竞争力的乡村振兴参与者，甚至乡村振兴的"领头雁"。要以完善产权制度和要素市场化配置为重点，加快推进农业农村领域的市场化改革，结合发挥典型示范作用，根本改变农业农村发展中部分领域改革严重滞后于需求，或改革自身亟待转型升级的问题。如在依法保护集体土地所有权和农户承包权的前提下，如何平等保护土地经营权？目前，这方面的改革亟待提速，对平等保护土地经营权重视不够，加大了新型农业经营主体的发展困难和风险，也影响了其对乡村振兴带动能力的提升。近年来，部分地区推动"资源变资产、资金变股金、农民变股东"的改革创新，初步取得了积极效果。但随着"三变"改革的推进，如何加强相关产权和要素流转平台建设，完善其运行机制，促进其转型升级，亟待后续改革加力跟进。

2. 加快创新相关法律法规和监管规则，优先支持优化农业农村发展环境

通过完善法律法规和监管规则，清除不适应形势变化、影响乡村振兴的制度和环境障碍，可以降低"三农"发展的成本和风险，也有利于促进农业强、农民富、农村美。例如，近年来虽然农村宅基地制度改革试点积极推进，但实际惠及面仍然有限，严重影响农村土地资源的优化配置，导致大量宅基地闲置浪费，也加大了农村发展新产业、新业态、新模式和建设美丽乡村的困难，制约农民增收。2018年中央一号文件已经为推进农村宅基地制度改革"开了题"，明确"完善农民闲置宅基地和闲置农房政策，探索宅基地所有权、资格权、使用权'三权分置'，……适度放活宅基地和农民房屋使用权"。这方面的政策创新较之前前进了一大步。但农村宅基地制度改革严重滞后于现实需求，导致宅基地流转限制过多、宅基地财产价值难以显性化、农民房屋财产权难以有效保障、宅基地闲置浪费严重等问题日趋凸显，也加大了农村新产业新业态新模式发展的用地困难。

现行农村宅基地制度和农房产权制度改革滞后，不仅仅是给盘活闲置宅基地和农房增加了困难，影响农民财产性收入的增长；更重要的是加大了城市人口、人才"下乡"甚至农村人才"跨社区"居住特别是定居的困难，不利于缓解乡村振兴的"人才缺口"，也不利于农业农村产业更好地对接城乡消费结构升级带来的需求扩张。在部分城郊地区或发达的农村地区，甚至山清水秀、交通便捷、文化旅游资源丰厚的普通乡村地区，适度扩大农村宅基地制度改革试点范围，鼓励试点地区加快探索和创新宅基地"三权分置"办法，尤其是适度扩大农村宅基地、农房使用权流转范围，有条件地进一步向热心参与乡村振兴的非本农村集体经济组织成员开放农村宅基地或农房流转、租赁市场。这对于吸引城市或异地人才、带动城市或异地资源/要素参与乡村振兴，日益具有重要性和紧迫性。其意义远远超过增加农民财产性收入的问题，并且已经不是"看清看不清"或"尚待深入研究"的问题，而是应该积极稳健地"鼓励大胆探索"的事情。建议允许这些地区在保护农民基本居住权和"不得违规违法买卖宅基地，严格实行土地用途管制，严格禁止下乡利用农村宅基地建设别墅大院和私人会馆"的基础上，通过推进宅基地使用权资本化等方式，引导农民有偿转让富余的宅基地和农民房屋使用权，允许城乡居民包括"下乡"居住或参与乡村振兴的城市居民有偿获得农民转让的富余或闲置宅基地。

近年来，许多新产业、新业态、新模式迅速发展，对于加快农村生产方式、生活方式转变的积极作用迅速凸显。但相关政策和监管规则创新不足，成为妨碍其进一步发展的重要障碍。部分地区对新兴产业发展支持力度过大、过猛，也给农业农村产业发展带来新的不公平竞争和不可持续发展问题。此外，部分新兴产业"先下手为强""赢者通吃"带来的新垄断问题，加剧了收入分配和发展机会的不均衡。要注意引导完善这些新兴产业的监管规则，创新和优化对新经济垄断现象的治理方式，防止农民在参与新兴产业发展的过程中，成为"分享利益的边缘人，分担成本、风险的核心层"。

此外，坚持农业农村优先发展，要以支持融资、培训、营销平台和技术、信息服务等环境建设，鼓励包容发展、创新能力成长和组织结构优化等为重点，将优化"三农"发展的公共服务和政策环境放在突出地位。相对而言，由于乡村人口和经济密度低、基础设施条件差，加之多数农村企业整合资源、集成要素和垄断市场的能力弱，面向"三农"发展的服务体系建设往往难以绕开交易成本高的困扰。因此，坚持农业农村优先发展，应把加强和优化面向"三农"的服务体系建设放在突出地位，包括优化提升政府主导的公共服务体系、加强对市场化或非营利性服务组织的支持，完善相关体制机制。

坚持农业农村优先发展，还应注意以下两个方面。一是强化政府对"三农"发展的"兜底"作用，并将其作为加强社会安全网建设的重要内容。近年来，国家推动农业农村基础设施建设、持续改善农村人居环境、加强农村社会保障体系建设、加快建立多层次农业保险体系等，都有这方面的作用。二是瞄准推进农业农村产业供给侧结构性改革的重点领域和关键环节，加大引导支持力度。如积极推进质量兴农、绿色兴农，加强粮食生产功能区、要农产品生产保护区、特色农产品优势区、现代农业产业园、农村产业融合发展示范园、农业科技园区、电商产业园、返乡创业园、特色小镇或田园综合体等农业农村发展的载体建设，更好地发挥其对实施乡村振兴战略的辐射带动作用。

（三）坚持走城乡融合发展道路

近年来，随着工农、城乡之间相互联系、相互影响、相互作用不断增强，城乡之间的人口、资源和要素流动日趋频繁，产业之间的融合渗透和资源、要素、产权之间的交叉重组关系日益显著，城乡之间日益呈现"你中有我，我中有你"的发展格局。越来越多的问题，表现在"三农"，根子在城市（或市民、工业和服务业，下同）；或者表现在城市，根子在"三农"。这些问题，采取"头痛医头、脚痛医脚"的办法越来越难解决，越来越需要创新路径，通过"头痛医脚"的办法寻求治本之道。因此，建立健全城乡融合发展的体制机制和政策体系，走城乡融合发展之路，越来越成为实施乡村振兴战略的当务之急和战略需要。因此，按照推进新型工业化、信息化、城镇化、农业现代化同步发展的要求，加快形成以工促农、以城带乡、工农互惠、城乡共荣、分工协作、融合互补的新型工农城乡关系。那么，如何坚持城乡融合发展道路，建立健全城乡融合发展的体制机制和政策体系呢？

1. 注意同以城市群为主体构建大中小城市和小城镇协调发展的城镇格局衔接起来

在当前的发展格局下，尽管中国在政策上仍然鼓励"加快培育中小城市和特色小城镇，增强吸纳农业转移人口能力"。但农民工进城仍以流向大中城市和特大城市为主，流向县城和小城镇的极其有限。这说明，当前，中国大城市、特大城市仍然具有较强的集聚经济、规模经济、范围经济效应，且其就业、增收和其他发展机会更为密集；至于小城镇，就总体而言，情况正好与此相反。因此，在今后相当长的时期内，顺应市场机制的自发作用，优质资源、优质要素和发展机会向大城市、特大城市集中仍是难以根本扭转的趋势。但是，也要看到，这种现象的形成，加剧了区域、城乡发展失衡问题，给培育城市群功能、优化城市群内部不同城市之间的分工协作和优势互补关系，以及加强跨区域生态环境综合整治等增加了障碍，不利于疏通城市人才、资本和要素下乡的渠道，不利于发挥城镇化对乡村振兴的辐射带动作用。

上述现象的形成，同当前的政府政策导向和资源配置过度向大城市、特大城市倾斜也有很大关系，由此带动全国城镇体系结构重心上移。突出地表现在两个方面：一是政府在重大产业项目、信息化和交通路网等重大基础设施、产权和要素交易市场等重大平台的布局，在公共服务体系建设投资分配、获取承办重大会展和体育赛事等机会分配方面，大城市、特大城市往往具有中小城市无法比拟的优势；二是许多省区强调省会城市经济首位度不够是其发展面临的突出问题，致力于打造省会城市经济圈，努力通过政策和财政金融等资源配置的倾斜，提高省会城市的经济首位度。这容易强化大城市、特大城市的极化效应，弱化其扩散效应，影响其对"三农"发展辐射带动能力的提升，制约以工促农、以城带乡的推进。许多大城市、特大城市的发展片面追求"摊大饼式扩张"，制约其实现集约型、紧凑式发展水平和创新能力的提升，容易"稀释"其对周边地区和"三农"发展的辐射带动能力，甚至会挤压周边中小城市和小城镇的发展空间，制约周边中小城市、小城镇对"三农"发展辐射带动能力的成长。

随着农村人口转移进城规模的扩大，乡城之间通过劳动力就业流动，带动人口流动和家庭迁移的格局正在加快形成。在此背景下，过度强调以大城市、特大城市为重点吸引农村人口转移，也会因大城市、特大城市高昂的房价和生活成本，加剧进城农民工或农村转移人口融入城市、实现市民化的困难，容易增加进城后尚待市民化人口与原有市民的矛盾，影响城市甚至城乡社会的稳定和谐。

因此，应按照统筹推进乡村振兴和新型城镇化高质量发展的要求，加大国民收入分配格局的调整力度，深化相关改革和制度创新，在引导大城市、特大城市加快集约型、紧凑式发展步伐，并提升城市品质和创新能力的同时，引导这些大城市、特大城市更好地发挥区域中心城市对区域发展和乡村振兴的辐射带动作用。要结合引导这些大城市、特大城市疏解部分非核心、非必要功能，引导周边卫星城或其他中小城市、小城镇增强功能特色，形成错位发展、分工协作新格局，借此培育特色鲜明、功能互补、融合协调、共生共荣的城市群。这不仅有利于优化城市群内部不同城市之间的分工协作关系，提升城市群系统功能和网络效应；还有利于推进跨区域性基础设施、公共服务能力建设和生态环境综合整治，为城市人才、资本、组织和资源等要素下乡参与乡村振兴提供便利，有利于更好地促进以工哺农、以城带乡和城乡融合互补，增强城市化、城市群对城乡、区域发展和乡村振兴的辐射带动功能，帮助农民增加共商共建共享发展的机会，提高农村共享发展水平。实际上，随着高铁网、航空网和信息网建设的迅速推进，网络经济的去中心化、去层级化特征，也会推动城市空间格局由单极化向多极化和网络化演进，凸显发展城市群、城市圈的重要性和紧迫性。

为更好地增强区域中心城市特别是城市群对乡村振兴的辐射带动力，要通过公共资源配置和社会资源分配的倾斜引导，加强链接周边的城际交通、信息等基础设施网络和关键结点、连接线建设，引导城市群内部不同城市之间完善竞争合作和协同发展机制，强化分工协作、增强发展特色、加大生态共治，并协同提升公共服务水平。要以完善产权制度和要素市场化配置为重点，以激活主体、激活要素、激活市场为目标导向，推进有利于城乡融合发展的体制机制改革和政策体系创新，着力提升城市和城市群开放发展、包容发展水平和辐射带动能力。要加大公共资源分配向农业农村的倾斜力度，加强对农村基础设施建设的支持。与此同时，通过深化制度创新，引导城市基础设施和公共服务能力向农村延伸，加强以中心镇、中心村为结点，城乡衔接的农村基础设施、公共服务网络建设。要通过深化改革和政策创新，以及推进"三农"发展的政策转型，鼓励城市企业或涉农龙头企业同农户、农民建立覆盖全程的战略性伙伴关系，完善利益联结机制。

2. 积极发挥国家发展规划对乡村振兴的战略导向作用

要结合规划编制和执行，加强对各级各类规划的统筹管理和系统衔接，通过部署重大工程、重大计划、重大行动，加强对农业农村发展的优先支持，鼓励构建城乡融合发展的体制机制和政策体系。在编制和实施乡村振兴规划的过程中，要结合落实主体功能区战略，贯彻中央关于"强化乡村振兴规划引领"的决策部署，促进城乡国土空间开发的统筹，注意发挥规划对统筹城乡生产空间、生活空间、生态空间的引领作用，引导乡村振兴优化空间布局。今后大量游离于城市群之外的小城市、小城镇很可能趋于萎缩，其发展机会很可能迅速减少。优化乡村振兴的空间布局应该注意这一方面。

要注意突出重点、分类施策，在引导农村人口和产业布局适度集中的同时，将中心村、中心镇、小城镇和粮食生产功能区、重要农产品生产保护区、特色农产品优势区、现代农业产业园、农村产业融合发展示范园、农业科技园区、电商产业园、返乡创业园、特色小镇或田园综合体等，作为推进乡村振兴的战略结点。20世纪70年代以来，法国中央政府对乡村地区的关注逐步实现了由乡村全域向发展缓慢地区的转变，通过"乡村行动区"和"乡村更新区"等规划手段干预乡村地区发展；同时逐步形成中央政府和地方乡村市镇合力推动乡村地区发展的局面。乡村市镇主要通过乡村整治规划和土地占用规划等手段，推动乡村地区发展。乡村整治规划由地方政府主导，地方代表、专家和居民可共同参与。我国实施乡村振兴战略要坚持乡村全面振兴，但这并不等于说所有乡、所有村都要实现振兴。从法国的经验可见，在推进乡村振兴的过程中，找准重点、瞄准薄弱环节和鼓励不同利益相关者参与，都是至关重要的。此外，建设城乡统一的产权市场、要素市场和公共服务平台，也应在规则统一、环境公平的前提下，借鉴政府扶持小微企业发展的思路，通过创新"同等优先"机制，加强对人才和优质资源向农村流动的制度化倾斜支持，缓解市场力量对农村人才和优质资源的"虹吸效应"。

3. 完善农民和农业转移人口参与发展、培训提能机制

推进城乡融合发展，关键要通过体制机制创新，一方面，帮助农村转移人口降低市民化的成本和门槛，让农民获得更多且更公平、更稳定、更可持续的发展机会和发展权利；另一方面，增强农民参与新型城镇化和乡村振兴的能力，促进农民更好地融入城市或乡村发展。要以增强农民参与发展能力为导向，完善农民和农业转移人口培训提能支撑体系，为乡村振兴提供更多的新型职业农民和高素质人口，为新型城镇化提供更多的新型市民和新型产业工人。要结合完善利益联结机制，注意发挥新型经营主体、新型农业服务主体带头人的示范带动作用，促进新型职业农民成长，带动普通农户更好地参与现代农业发展和乡村振兴。要按照需求导向、产业引领、能力本位、实用为重的方向，加强统筹城乡的职业教育和培训体系建设，通过政府采购公共服务等方式，加强对新型职业农民和新型市民培训能力建设的支持。要创新政府支持方式，支持政府主导的普惠式培训与市场主导的特惠式培训分工协作、优势互补。鼓励平台型企业和市场化培训机构在加强新型职业农民和新型市民培训中发挥中坚作用。要结合支持创新创业，加强人才实训基地建设，健全以城带乡的农村人力资源保障体系。

4. 加强对农村一、二、三产业融合发展的政策支持

推进城乡融合发展，要把培育城乡有机结合、融合互动的产业体系放在突出地位。推进农村一、二、三产业融合发展，有利于发挥城市企业、城市产业对农村企业、农村产业发展的引领带动作用。要结合加强城市群发展规划，创新财税、金融、产业、区域等支持政策，引导农村产业融合优化空间布局，强化区域分工协作、发挥城市群和区域中心城市对农村产业融合的引领带动作用。要创新农村产业融合支持政策，引导农村产业融合发展，统筹处理服务市民与富裕农民、服务城市与繁荣农村、增强农村发展活力与增加农民收入、推进新型城镇化与建设美丽乡村的关系。鼓励科技人员向科技经纪人和富有创新能力的农村产业融合企业家转型。注意培育企业在统筹城乡发展、推进城乡产业融合中的骨干作用，努力营造产业融合发展带动城乡融合发展新格局。鼓励商会、行业协会和产业联盟在推进产业融合发展中增强引领带动能力。

第二章 乡村振兴战略规划及产业振兴

第一节 乡村振兴战略规划概述

一、乡村振兴战略规划的作用

(一) 为实施乡村振兴战略提供重要保障

制订乡村振兴战略规划，明确总体思路、发展布局、目标任务、政策措施，有利于发挥集中力量办大事的社会主义制度优势；有利于凝心聚力，统一思想，形成工作合力；有利于合理引导社会共识，广泛调动各方面积极性和创造性。

(二) 是实施乡村振兴战略的基础和关键

实施乡村振兴战略要实行中央统筹、省负总责、市县抓落实的工作机制。编制一个立足全局、切合实际、科学合理的乡村振兴战略规划，有助于充分发挥融合城乡的凝聚功能，统筹合理布局城乡生产、生活、生态空间，切实构筑城乡要素双向流动的体制机制，培育发展动能，实现农业农村高质量发展。制订出台乡村振兴战略规划，既是实施乡村振兴战略的基础和关键，又是有力有效的工作抓手。当前，编制各级乡村振兴规划迫在眉睫。国家乡村振兴战略规划即将出台，省级层面的乡村振兴战略规划正在抓紧制订，有的省份已经出台；各地围绕乡村振兴战略都在酝酿策划相应的政策和举措，有的甚至启动了一批项目；全国上下、社会各界特别是在农业农村一线工作的广大干部职工和农民朋友都对乡村振兴充满期待。以上这些都迫切要求各地尽快制订乡村振兴规划，一方面与国家和省级乡村振兴战略规划相衔接；另一方面统领本县域乡村振兴各项工作扎实有序开展。

(三) 有助于整合和统领各专项规划

乡村振兴涉及产业发展、生态保护、乡村治理、文化建设、人才培养等诸多方面，相关领域或行业都有相应的发展思路和目标任务，有的已经编制了专项规划，但难免出现内容交叉、不尽协调等问题。通过编制乡村振兴规划，在有效集成各专项和行业规划的基础上，对乡村振兴的目标、任务、措施做出总体安排，有助于统领各专项规划的实施，切实形成城乡融合、区域一体、多规合一的规划体系。

（四）有助于优化空间布局，促进生产、生活、生态协调发展

长期以来，我国农业综合生产能力不断提升，为保供给、促民生、稳增长做出重要贡献，但在高速发展的同时，农业农村生产、生活、生态不相协调的问题日益突出，制约了农业高质量发展。通过编制乡村振兴规划，全面统筹农业农村空间结构，优化农业生产布局，有利于推动形成与资源环境承载力相匹配、与村镇居住相适宜、与生态环境相协调的农业发展格局。

（五）有助于分类推进村庄建设

随着农业农村经济的不断发展，村庄建设、农民建房持续升温，农民的居住条件明显改善，但千村一面现象仍然突出。通过编制乡村振兴规划，科学把握各地地域特色、民俗风情、文化传承和历史脉络，不搞一刀切、不搞统一模式，有利于保护乡村的多样性、差异性，打造各具特色、不同风格的美丽乡村，从整体上提高村庄建设质量和水平。

（六）有助于推动资源要素合理流动

长期以来，受城乡二元体制机制约束，劳动力、资金等各种资源要素不断向城市聚集，造成农村严重"失血"和"贫血"。通过编制乡村振兴规划，贯彻城乡融合发展要求，抓住钱、地、人等关键要素，谋划有效举措，打破城乡二元体制壁垒，促进资源要素在城乡间合理流动、平等交换，有利于改善农业农村发展条件，加快补齐发展"短板"。

二、编制乡村振兴战略规划应把握的重点

（一）发挥国家规划的战略导向作用

创新和完善宏观调控，发挥国家发展规划的战略导向作用。各部门各地区编制乡村振兴战略规划，应该注意发挥《国家乡村振兴战略规划（2018—2022年）》（以下简称《国家乡村振兴规划》）的战略导向作用。新时代中国特色社会主义思想是以党中央关于实施乡村振兴战略的思想，是编制乡村振兴战略的指导思想和行动指南，也是今后实施乡村振兴战略的"指路明灯"。《国家乡村振兴规划》应该是各部门、各地区编制乡村振兴

规划的重要依据和具体指南，不仅为我们描绘了实施乡村振兴战略的宏伟蓝图，也为未来五年实施乡村振兴战略细化实化了工作重点和政策措施，部署了一系列重大工程、重大计划和重大行动。各部门、各地区编制乡村振兴战略规划，既要注意结合本部门本地区实际，更好地贯彻《国家乡村振兴规划》的战略意图和政策精神，也要努力做好同《国家乡村振兴规划》工作重点、重大工程、重大计划、重大行动的衔接协调工作。这不仅有利于推进《国家乡村振兴规划》更好地落地，也有利于各部门各地区推进乡村振兴的行动更好地对接国家发展的战略导向、战略意图，并争取国家重大工程、重大计划、重大行动的支持。

在《国家乡村振兴规划》正式发布前，已有个别地区出台了本地区的乡村振兴规划，由此体现的探索精神和创新价值是值得肯定的，但在对接《国家乡村振兴规划》方面，不能说不存在明显的缺憾。当然，如果待《国家乡村振兴规划》正式发布后，再开始相继启动省级特别是地市、县级乡村振兴规划的编制，可能影响规划发布和发挥指导作用的及时性。因为毕竟一个好的规划是需要一定时间"打磨"的，实施乡村振兴战略涉及领域广，现有的理论和政策研究相对不足，还增加了提高规划编制质量的难度。

为协调处理发挥国家规划战略导向作用与增强地方规划发挥指导作用及时性的矛盾，建议各地尽早启动乡村振兴规划编制的调研工作，并在保证质量的前提下，尽早完成规划初稿。待国家规划发布后，再进一步做好地方规划初稿和国家规划的对接工作。县级规划还要待省、地市规划发布后，再尽快做好对接协调工作。按照这种方式编制的地方规划，不仅可以保证国家规划能够结合本地实际更好地落地，也可以为因地制宜地推进乡村振兴的地方实践及时发挥具体行动指南的作用。当然，在此过程中，为提高地方乡村振兴规划的编制质量，要始终注意认真学习党中央关于实施乡村振兴战略、关于建设现代化经济体系的系列论述和决策部署，并结合本地实际进行创造性转化和探索。

发挥国家规划的战略导向作用，还要拓宽视野，注意同国家相关重大规划衔接起来，尤其要注意以战略性、基础性、约束性规划为基础依据。如国家和省级层面的新型城镇化规划，应是编制地方乡村振兴战略规划的重要参考。以城市群为主体构建大中小城市和小城镇协调发展的城镇格局，加快农业转移人口市民化。在乡村振兴规划的编制和实施过程中，要结合增进同新型城镇化规划的协调性，更好地引领和推进乡村振兴与新型城镇化"双轮驱动"，更好地建设彰显优势、协调联动的城乡区域发展体系，为建设现代化经济体系提供扎实支撑。

（二）提升规划的战略思维

重视战略思维，首先要注意规划的编制和实施过程更多的不是"按既定方针办"，而是要追求创新、突破和超越，要科学把握"面向未来、吸收外来、扬弃以来"的关系，增强规划的前瞻性。许多人在制订战略规划时，习惯于惯性思维，从现在看未来，甚至从过去看现在，首先考虑当前的制约和短期的局限，"这不能干""那很难办"成为"口头禅"，或者习惯于按照过去的趋势推测未来，这在设计规划指标的过程中最为明显。这不是战略，充其量只能算战术或推算，算可行性分析。按照这种方式编制规划，本身就是没有太大意义的事。按照这种思维方式考虑规划问题，很容易限制战略或规划制订者的想象力，束缚其思维空间，形成对未来发展的悲观情绪和消极心理，导致规划实施者或规划的利益相关者对未来发展缩手缩脚，难以办成大事，也容易导致大量的发展机会不知不觉地"溜走"或流失。

战略需要大思维、大格局、大架构，战略制定者需要辩证思维、远景眼光。当然此处的"大"绝非虚空，而是看得见、摸得着，经过不懈努力最终能够实现。真正的战略不是从过去看未来，而是逆向思维，从未来的终局看当前的布局，从未来推导现在，根据未来的战略方向决定当前如何行动。好的规划应该富有这种战略思维。因此，好的战略规划应该具备激发实施者、利益相关者信心的能力，能够唤醒其为实现战略或规划目标努力奋斗的"激情"和"热情"。好的战略规划，往往基于未来目标和当前、未来资源支撑能力的差距，看挖潜改造的方向，看如何摆脱资源、要素的制约，通过切实有效的战略思路、战略行动和实施步骤，不断弥合当前可能和未来目标的差距。借此，拓展思维空间，激活发展动能，挖掘发展潜力。惯性地参照过去是人们给自己设置的最大障碍。战略就是要摆脱现有资源的限制，远大的战略抱负一定是与现有的资源和能力不对称的。战略就是要"唤起水手们对辽阔大海的渴望""战略意图能为企业带来情感和理性上的双重能量"。有些富有战略远见的企业家提出，"有能力定义未来，才能超越战争"。用这些战略思维编制乡村振兴战略规划，实施乡村振兴战略才更有价值。

好的战略意图要给人带来方向感、探索感和共同的命运感。方向感很容易理解，但从以往的实践来看，有些地方规划的战略思维不够，难以体现战略性要求。要通过提升规划的战略思维，描绘出未来规划发展的蓝图和目标，告诉人们规划的未来是什么，我们想要努力实现的规划图景如何？为了实现这种规划图景，今天和明天我们应该怎么做？鉴于规划的未来和当前的现实之间可能存在巨大的资源、要素和能力缺口，应该让规划的实施者想方设法去努力实现这些规划的未来目标，形成探索感。如果把规划的未来目标比作吃到树上可口的苹果，那么这个苹果不是触手可及的，应是经过艰苦、卓越的努力才能吃到的。那么，怎么努力？是站个板凳去摘，还是跳着去摘？要通过博采众长、集思广益，创新规划实施手段去实现这种努力。探索感就是要唤起参与者、组织者的创新创业精神和发展潜能，发现问题，迎难而上，创造性解决；甚至在探索解决问题的过程中，增强创造性地解决问题的能力。共同的命运感就是要争取参与者和组织者成为命运共同体,形成共情效应,努力产生"风雨同舟,上下齐心"的共鸣。如在编制和实施乡村振兴战略的过程中,要注意在不同利益相关者之间形成有效的利益联结机制,激励大家合力推进乡村振兴,让广大农民和其他参与者在共商共建过程中有更多的获得感,实现共享共赢发展。

重视规划的战略思维,要在规划的编制和实施过程中,统筹处理"尽力而为"与"量力而行"、增强信心与保持耐心的关系,协调处理规划制订、实施紧迫性与循序渐进的关系。在编制和实施乡村振兴战略规划的过程中也是如此。

重视规划的战略思维,还要注意增强乡村振兴规划的开放性和包容性。增强规划的开放性,要注意提升由外及内的规划视角,综合考虑外部环境变化、区域或城乡之间竞争-合作关系演变、新的科技革命和产业革命,甚至交通路网、信息网发展和转型升级对本地区本部门实施乡村振兴战略的影响,规避因规划的战略定位简单雷同、战略手段模仿复制,导致乡村振兴区域优势和竞争特色的弱化,进而带来乡村振兴的低质量发展。增强规划的包容性,不仅要注意对不同利益相关者的包容,注意调动一切积极因素参与乡村振兴;还要注意区域之间、城乡之间发展的包容,积极引导部门之间、区域之间、城乡之间加强乡村振兴的合作。如在推进乡村产业兴旺的过程中,引导区域之间联合打造区域品牌,合作打造公共服务平台、培育产业联盟等。实际上,增强乡村振兴规划的开放性和包容性,也有利于推进乡村产业振兴、人才振兴、文化振兴、生态振兴和组织振兴"一起上",更好地坚持乡村全面振兴,增进乡村振兴的协同性、关联性和整体性,统筹提升乡村的多种功能和价值。要注意在开放、包容中,培育乡村振兴的区域特色和竞争优势。

(三)丰富网络经济视角

当今世界,随着全球化、信息化的深入推进,网络经济的影响日益深化和普遍化。根据梅特卡夫法则,网络的价值量与网络节点数的平方成正比。换句话说,如果网络中的节点数以算术级速度增长,网络的价值就会以指数级速度增长。与此相关的是,新网络用户的加入往往导致所有用户的价值都会迅速提升;网络用户的增多,会导致网络价值的总量迅速膨胀,并进一步带来更多新的用户,产生正向反馈循环。网络会鼓励成功者取得更大的成功。这就是网络经济学中的"回报递增。"如果说传统社会更关注对有形空间的占有和使用效率,那么,网络社会更关注价值节点的分布和链接,在这里"关系甚至比技术质量更重要"。按照网络经济思维,要注意把最合适的东西送到最合适的人手中,促进社会资源精准匹配。

随着交通路网特别是高铁网、航空网和信息网络基础设施的发展,在实施乡村振兴战略的过程中,如何利用网络效应、培育网络效应的问题迅速凸显起来。任何网络都有节点和链接线两类要素，网络功能是二者有机结合、综合作用的结果。在实施乡村振兴战略的过程中，粮食生产功能区、重要农产品生产保护区、特色农产品优势区、农村产业融合示范园、中心村、中心镇等载体和平台都可以看作推进乡村振兴的网络节点，交通路网基础设施、信息网络基础设施都可以看作推进乡村振兴的链接线；也可以把各类新型经营主体、各类社会组织视作推进乡村振兴的网络节点，把面向新型经营主体或各类社会组织的服务体系看作链接线；把产业兴旺、生态宜居、乡风文明、治理有效、生活富裕等五大维度，或乡村产业振兴、人才振兴、文化振兴、生态振兴、组织振兴等五大振兴作为推进乡村振兴的网络节点，把推进乡村振兴的体制机制、政策环境或运行生态建设作为链接线，这也是一种分析视角。在实施乡村振兴战略的过程中，部分关键性节点或链接线建设，对于推进乡村振兴的高质量发展，可能具有画龙点睛的作用。在编制乡村振兴战略规划的过程中需要高度重视这一点。

如果推进乡村振兴的不同节点之间呈现互补关系，那么，推进乡村振兴的重大节点项目建设或工程、行动，在未形成网络效应前，部分项目、工程、行动的单项直接效益可能不高；但待网络轮廓初显后，就可能在这些项目或工程、行动之间形成日趋紧密、不断增强的资源、要素、市场或环境联系，达到互为生态、相互烘托、互促共升的效果，产生日益重大的经济、社会、生态、文化价值，带动乡村功能价值的迅速提升。甚至在此背景下，对少数关键性节点或链接线建设的投资或支持，其重点也应从追求项目价值最大化转向追求网络价值最大化。当然，如果推进乡村振兴的不同节点或链接线之间呈现互斥关系，则部分关键性节点或链接线建设的影响，可能正好相反，要防止其导致乡村价值的迅速贬值。

在乡村振兴规划的编制和实施过程中，培育网络经济视角，对于完善乡村振兴的规划布局，更好地发挥新型城镇化或城市群对乡村振兴的引领、辐射、带动作用具有重要意义。要注意通过在城市群内部培育不同类型城市之间错位发展、分工协作、优势互补、网络发展新格局，带动城市群质量的提高，更好地发挥城市群对解决工农城乡发展失衡、"三农"发展不充分问题的辐射带动作用。也要注意引导县城和小城镇、中心村、中心镇、特色小镇甚至农村居民点、农村产业园或功能区，增进同所在城市群内部区域中心城市（镇）之间的分工协作和有机联系，培育网络发展新格局，为带动提升乡村功能价值创造条件。

部分乡村能够有效融入所在城市群，或在相互之间能够形成特色鲜明、分工协作、优势互补、网络发展新关联，应该积极引导其分别走上集聚提升型、城郊融合型、卫星村镇型、特色文化或景观保护型、向城市转型等不同发展道路。部分村庄日益丧失生存发展的条件，或孤立于所在城市群或区域性的生产生活网络，此类村庄的衰败不仅是难以根本扭转的趋势，还可以为在总体上推进乡村振兴创造更好的条件。如果不顾条件，盲目要求此类乡村实现振兴，将会付出巨大的经济社会或生态文化代价，影响乡村振兴的高质量发展和可持续发展。

此外，用网络经济视角编制和实施乡村振兴规划，还要注意统筹谋划农村经济建设、政治建设、文化建设、社会建设、生态文明建设和党的建设，提升乡村振兴的协同性、关联性，加强对乡村振兴的整体部署，完善乡村振兴的协同推进机制。按照网络经济视角，链接大于拥有，代替之前的"占有大于一切"。因此，在推进乡村振兴的过程中，要注意通过借势发展带动造势发展，创新"不求所有，但求所用"方式，吸引位居城市的领军企业、领军人才参与和引领乡村振兴，更好地发挥"四两拨千斤"的作用。这样也有利于促进乡村振兴过程中的区域合作、部门合作、组织合作和人才合作，用开放、包容的理念，推进乡村振兴过程中资源、要素和人才质量的提升。

（四）把编制规划作为撬动体制机制改革深入推进的杠杆

在实施乡村振兴战略的过程中，推进体制机制改革和政策创新具有关键性的影响。有人说，实施乡村振兴战略，关键是解决"人、地、钱"的问题。先不评论这种观点，但解决"人、地、钱"的问题关键又在哪里？还是体制机制改革问题。在编制乡村振兴战略规划的过程中，提出推进体制机制改革、强化乡村振兴制度性供给的思路或路径固然是重要的，但采取有效措施，围绕深化体制机制改革提出一些切实可行的方向性、目标性要求，把规划的编制和实施转化为撬动体制机制改革深入推进的杠杆，借此唤醒系列、连锁改革的激发机制，对提升规划质量、推进乡村振兴的高质量发展更有重要意义，正如"授人以鱼不如授人以渔"一样。

如有些经济发达、被动城市化的原农村地区，原来依托区位交通优势，乡村工商业比较发达，城市化推进很快。但长期不重视统筹城乡规划，导致民居和乡村产业园区布局散、乱、杂，乡村产业园改造和城中村治理问题日趋突出。其主要表现是乡村产业园甚至农村民居错乱分布，环境污染和生态破坏问题加重，消防、安全等隐患日趋严重和突出，成为社会治理的难点和广受关注的焦点；农村能人强势与部分乡村基层党建弱化的矛盾时有发生；乡村产业园区分散布局、转型缓慢，并难以有效融入区域现代化经济体系建设的问题日益突出。在这些地区，新型城镇化与乡村振兴如何协调，"三农"发展的区域分化与乡村振兴如何有效实现分类施策？这些问题怎么处理？在现有格局下解决问题的难度已经很大。但由于这些地区经济发达，城乡居民收入和生活水平比较高，很容易形成"温水煮青蛙"的格局。村、村民小组和老百姓的小日子比较好过，难以形成改变现状的冲动和危机意识；加之改变现状的难度很大，很容易让人形成"得过且过""过一天是一天"的思维方式。但长远的问题和隐患可能越积越多，等到有朝一日猛然惊醒了，再来想着解决问题，可能为时已晚或难度更大。比如，有的城郊村，之前有大量外来资本租厂房发展工商业，也带动了大量外来务工人员租房居住。但随着市场需求变化和需求结构升级，许多传统工商业日益难以为继，亟待转型升级，甚至被迫破产倒闭或转移外迁，带动村民租金收入每况愈下。

在这些地区，不仅产业结构要转型升级，人口、经济甚至民居、产业园的布局方式也亟待转型升级。之前那种"普遍撒网""村村点火"的布局方式，后遗症越来越大。无论是发展先进制造业，还是发展服务业，都要求在空间布局上更加集中集聚，形成集群集约发展态势。在这些地区，有些乡村目前可能感觉还不错，似乎规划部门给它的新上项目"松"个口子，前景就会很好。但从长远来看，实际情况可能不是这样。规划部分给它"松"个口子，乡村暂时的日子可能好过点，但只能说是"苟延残喘"一段时间，今后要解决问题的难度更大，因为"沉没成本"更多了。还有前述生态问题、乡村治理问题，包括我们党组织怎么发挥作用的问题，越早重视越主动，越晚越被动。许多问题如果久拖不决，未来的结果很可能是下列三种结果之一：

第一种结果是慢慢把问题拖下去。但是，越不想改变现状，越对改变现状有畏难情绪，时间长了解决问题的难度就越大，也就越难以解决。这种结果对地方经济社会发展的长期负面影响更大，更容易因为当前治理的犹豫不决，导致未来发展问题的积重难返，甚至盛极而衰。当然，这很可能要到若干年后，问题才会充分暴露出来；第二种结果是有朝一日，环保、治安、消防、党建等问题引起居民强烈不满或媒体关注，或上级考核发出警告，导致政府不得不把其当作当务之急；第三种结果是发生类似火灾、爆炸伤人等恶性安全事故，不得不进行外科大手术式治理。但这种结果的代价可能太惨烈。

显然，这三种结果都不是理想结果，都有很大的后遗症。第二种、第三种结果对地方党政领导人的负面影响很大。在这些地区，乡村产业园改造和城中村治理问题不解决好，这三大攻坚战都难以打好，甚至会加重重大风险、城中村贫困、污染严重化等问题。

但解决上述问题难度很大，仅靠一般性地加强政策甚至投入支持，无异于画饼充饥，亟待在各级政府高度重视解决问题紧迫性的基础上，通过加强相关综合改革的试点试验和推广工作，为解决这些复杂严峻的区域乡村振兴问题探索新路。

（五）加强规划精神和典型经验的宣传推广

为强化乡村振兴的规划引领，加强规划编制和实施工作固然是重要的，但加强规划精神、规划思路的宣传推广更加不可或缺。这不仅有利于推进乡村振兴的利益相关者更好地理解乡村振兴规划的战略意图，增强其实施规划的信心和主动性、积极性，还有利于将乡村振兴的规划精神更好地转化为推进乡村振兴的自觉行动，有利于全党全社会凝心聚力，提升推进乡村振兴的水平和质量。加强对乡村振兴规划精神的宣传推广，还可以将工作适当前移，结合加强对党中央关于实施乡村振兴战略思想的学习，通过在规划编制过程中促进不同观点的碰撞、交流和讨论，更好地贯彻中央推进乡村振兴的战略意图和政策精神，提升乡村振兴规划的编制质量与水平。要结合规划编制和实施过程中的调研，加强对典型经验、典型模式、典型案例的分析总结，将加强顶层设计与鼓励基层发挥首创精神结合起来，发挥榜样的示范引领作用，带动乡村振兴规划编制和实施水平的提高。近年来，许多发达地区在推进社会主义新农村或美丽乡村建设方面走在全国前列，探索形成了一系列可供借鉴推广的乡村振兴经验。也有些欠发达地区结合自身实际，在部分领域发挥了推进乡村振兴探路先锋的作用。要注意不同类型典型经验、典型模式、典型案例的比较研究和融合提升，借此提升其示范推广价值。

第二节 乡村振兴战略规划制订的基础与分类

制订乡村振兴战略规划要以正确处理好五大关系为基础，在此基础上，要把握好乡村振兴战略的类型与层级。

一、乡村振兴战略规划制订的基础

乡村振兴战略规划是一个指导未来30余年乡村发展的战略性规划和软性规划，涵盖范围非常广泛，既需要从产业、人才、生态、文化、组织等方面进行创新，又需要统筹特色小镇、田园综合体、全域旅游、村庄等重大项目的实施。因此，乡村振兴战略规划的制订首先须理清五大关系：20字方针与五个振兴的关系、五个振兴之间的内在逻辑关系、特色小镇、田园综合体与乡村振兴的关系、全域旅游与乡村振兴的关系、城镇化与乡村振兴的关系。

20字方针与五个振兴的关系：产业兴旺、生态宜居、乡风文明、治理有效、生活富裕的20字方针是乡村振兴的目标，而产业振兴、人才振兴、文化振兴、生态振兴、组织振兴是实现乡村振兴的战略逻辑，亦即20字乡村振兴目标的实现需要五个振兴的稳步推进。

五个振兴之间的内在逻辑关系：产业振兴、人才振兴、文化振兴、组织振兴、生态振兴共同构成乡村振兴不可或缺的重要因素。其中，产业振兴是乡村振兴的核心与关键，而产业振兴的关键在人才，以产业振兴与人才振兴为核心，五个振兴间构成互为依托、相互作用的内在逻辑关系。

特色小镇、田园综合体和乡村振兴的关系：2016年住建部等三部委开展特色小镇培育工作，2017年中央一号文件首次提出田园综合体概念，2018年中央一号文件全面部署乡村振兴战略，它们之间的内在关系密切。从乡村建设角度而言，特色小镇是点，是解决"三农"问题的一个手段，其主旨在于壮大特色产业，激发乡村发展动能，形成城乡融合发展格局；田园综合体是面，是充分调动乡村合作社与农民力量，对农业产业进行综合开发，构建以"农"为核心的乡村发展架构；乡村振兴则是在点、面建设基础上的统筹安排，是农业、农民、农村的全面振兴。

全域旅游与乡村振兴的关系：全域旅游与乡村振兴同时涉及区域的经济、文化、生态、基础设施与公共服务设施等各方面的建设，通过"旅游+"建设模式，全域旅游在解决"三农"问题、拓展农业产业链、助力脱贫攻坚等方面发挥重要作用。

城镇化与乡村振兴的关系：乡村振兴战略的提出，并不是要否定城镇化战略，相反，两者是在共生发展前提下的一种相互促进关系。首先，在城乡生产要素的双向流动下，城镇化的快速推进将对乡村振兴起到辐射带动作用；其次，乡村振兴成为解决城镇化发展问题的重要途径。

二、乡村振兴战略规划的类型与层级

（一）乡村振兴战略规划的类型

1. 综合性规划

乡村规划是特殊类型的规划，需要生产与生活结合。乡村现有规划为多部门项目规划，少地区全域综合规划，运行规则差异较大，如财政部门管一事一议、环保部门管环境集中整治、农业农村部门管农田水利、交通部门管公路建设、建设部门管居民点撤并等。因此乡村规划应强调多学科协调、交叉，需要规划、建筑、景观、生态、产业、社会等各个学科的综合引入，实现多规合一。

2. 制度性规划

我国的城市人口历史性地超过农村人口，但非完全城镇化背景下，乡村规划与实施管理的复杂性凸显：一是产业收益的不确定性导致的村民收入的不稳定性；二是乡村建设资金来源的多元性；三是部门建设资金的项目管理转向综合管理。乡村规划与实施管理的表征是对农村地区土地开发和房屋建设的管制，实质是对土地开发权及其收益在政府、市场主体、村集体和村民的制度化分配与管理"与此相悖，我国的现代乡村规划是建立在制度影响为零的假设之上，制度的忽略使得规划远离了现实"。因此，乡村规划与实施管理重心、管理方法和管理工具需要不断调整，乡村规划制度的重要性凸显。

3. 服务型规划

乡村规划是对乡村空间格局和景观环境方面的整体构思和安排，既包括乡村居民点生活的整体设计，体现乡土化特征，也涵盖乡村农牧业生产性基础设施和公共服务设施的有效配置。同时，乡村规划不是一般的商品和产品，实施的主体是广大的村民、村集体乃至政府、企业等多方利益群体，在现阶段基层技术管理人才不足的状况下，需要规划编制单位在较长时间内提供技术型咨询服务。

4. 契约式规划

乡村规划的制订是政府、企业、村民和村集体对乡村未来发展和建设达成的共识，形成有关资源配置和利益分配的方案，缔结起政府、市场和社会共同遵守和执行的"公共契约"。《城乡规划法》规定乡村规划须经村民会议讨论同意、由县级人民政府批准和不得随意修改等原则要求，显示乡村规划具有私权民间属性，属于没有立法权的行政机关制定的行政规范性文件，具有不同于纯粹的抽象行政行为的公权行政属性和"公共契约"的本质特征。

（二）乡村振兴战略规划的层级

1. 国家级乡村振兴战略规划

实施乡村振兴战略是党和国家的大战略，必须规划先行，强化乡村振兴战略的规划引领。具体部署国家重大工程、重大计划、重大行动，确保中央一号文件得到贯彻落实，政策得以执行落地。简单说，中央一号文件是指导规划的，规划是落实中央一号文件的。应该说，国家级乡村振兴规划是指导全国各省制订乡村振兴战略规划的行动指南。

2. 省级乡村振兴战略规划

各省乡村振兴战略规划也要按照产业兴旺、生态宜居、乡风文明、治理有效、生活富裕的总要求，对各省实施乡村振兴战略做出总体设计和阶段谋划，明确目标任务，细化实化工作重点、政策措施、推进机制，部署重大工程、重大计划、重大行动，确保全省乡村振兴战略扎实推进。省级乡村振兴战略规划是全省各地各部门编制地方规划和专项规划的重要依据，是有序推进乡村振兴的指导性文件。

3. 县域乡村振兴战略规划

乡村振兴，关键在县。县委书记是乡村振兴的前线总指挥，是落地实施的第一责任人。乡村振兴不是一个形象工程，也不是一个贸然行动，它需要在顶层设计引领下，在县域层面分步踏实地推进。县域乡村振兴是国家乡村振兴战略推进与实施的核心与关键，应该以国家和省级战略为引导，以市场需求为依托，突破传统村镇结构，在城镇规划体系基础上，构建既区别于城市，又与城市相互衔接、相互融合的"乡村规划新体系"，进行科学系统的规划编制，保证乡村振兴战略的有效实施。

（1）县域乡村振兴规划体系

县域乡村振兴规划是涉及五个层次的一体化规划，即《县域乡村振兴战略规划》《县域乡村振兴总体规划》《乡/镇/聚集区（综合体）规划》《村庄规划》《乡村振兴重点项目规划》。一是县域乡村振兴战略规划。县域乡村振兴战略规划是发展规划，需要在进行现状调研与综合分析的基础上，就乡村振兴总体定位、生态保护与建设、产业发展、空间布局、居住社区布局、基础设施建设、公共服务设施建设、体制改革与治理、文化保护与传承、人才培训与创业孵化十大内容，从方向与目标上进行总体决策，不涉及细节指标。县域乡村振兴战略规划应在新的城乡关系下，在把握国家城乡发展大势的基础上，从人口、产业的辩证关系着手，甄别乡村发展的关键问题，分析乡村发展的动力机制，构建乡村的产业体系，引导村庄合理进行空间布局，重构乡村发展体系，构筑乡村城乡融合的战略布局。二是县域乡村振兴总体规划。县域乡村振兴总体规划是与城镇体系规划衔接的，在战略规划指导下，落实到土地利用、基础设施、公共服务设施、空间布局与重大项目，而进行的一定期限的综合部署和具体安排。在总体规划的分项规划之外，可以根据需要，编制覆盖全区域的农业产业规划、旅游产业规划、生态宜居规划等专项规划。此外，规划还应结合实际，选择具有综合带动作用的重大项目，从点到面布局乡村振兴。三是乡/镇/聚集区（综合体）规划。聚集区（综合体）为跨村庄的区域发展结构，包括田园综合体、现代农业产业园区、一二三产业融合先导区、产居融合发展区等。其规划体例与乡镇规划一致。四是村庄规划。村庄规划是以上层次规划为指导，对村庄发展提出总体思路，并具体到建设项目，是一种建设性规划。五是乡村振兴重点项目规划。重点项目是对乡村振兴中具有引导与带动作用的产业项目、产业融合项目、产居融合项目、现代居住项目的统一称呼，包括现代农业园、现代农业庄园、农业科技园、休闲农场、乡村旅游景区等。规划类型包括总体规划与详细规划。

（2）县域乡村振兴的规划内容

一是综合分析。乡村振兴规划应针对"城乡发展关系"以及"乡村发展现状"，进行全面、细致、翔实的现场调研、访谈、资料搜集和整理、分析、总结，这是《规划》落地的基础。二是战略定位及发展目标。乡村振兴战略定位应在国家乡村振兴战略与区域城乡融合发展的大格局下，运用系统性思维与顶层设计理念，通过乡村可适性原则，确定具体的主导战略、发展路径、发展模式、发展愿景等。而乡村振兴发展目标的制定，应在中央一号文件明确的乡村三阶段目标任务与时间节点基础上,依托现状条件,提出适于本地区发展的可行性目标。三是九大专项规划。产业规划:立足产业发展现状,充分考虑国际国内及区域经济发展态势,以现代农业三大体系构建为基础,以一、二、三产融合为目标,对当地三次产业的发展定位及发展战略、产业体系、空间布局、产业服务设施、实施方案等进行战略部署。生态保护建设规划:统筹山水林田湖草生态系统,加强环境污染防治、资源有效利用、乡村人居环境综合整治、农业生态产品和服务供给,创新市场化多元化生态补偿机制,推进生态文明建设,提升生态环境保护能力。空间布局及重点项目规划:以城乡融合、三生融合为原则,县域范围内构建新型"城—镇—乡—聚集区—村"发展及聚集结构,同时要形成一批重点项目,形成空间上的落点布局。居住社区规划:以生态宜居为目标,结合产居融合发展路径,对乡镇、聚集区、村庄等居住结构进行整治与规划。基础设施规划:以提升生产效率、方便人们生活为目标,对生产基础设施及生活基础设施的建设标准、配置方式、未来发展做出规划。公共服务设施规划:以宜居生活为目标,积极推进城乡基本公共服务均等化,统筹安排行政管理、教育机构、文体科技、医疗保健、商业金融、社会福利、集贸市场等公共服务设施的布局和用地。体制改革与乡村治理规划:以乡村新的人口结构为基础,遵循"市场化"与"人性化"原则,综合运用自治、德治、法治等治理方式,建立乡村社会保障体系、社区化服务结构等新型治理体制,满足不同乡村人口的需求。人才培训与孵化规划:统筹乡村人才的供需结构,借助政策、资金、资源等的有效配置,引入外来人才、提升本地人才技能水平、培养职业农民、进行创业创新孵化,形成支撑乡村发展的良性人才结构。文化传承与创新规划:遵循"保护中开发,在开发中保护"的原则,对乡村历史文化、传统文化、原生文化等进行以传承为目的的开发,在与文化创意、科技、新兴文化融合的基础上,实现对区域竞争力以及经济发展的促进作用。四是三年行动计划。首先,制度框架和政策体系基本形成,确定行动目标。其次,分解行动任务,包括深入推进农村土地综合整治,加快推进农业经营和产业体系建设,农村一、二、三产业融合提升,产业融合项目落地计划,农村人居环境整治等。同时制定政策支持、金融支持、土地支持等保障措施,最后安排近期工作。

第三节 乡村产业振兴的发展潜力与重点任务

一、乡村产业振兴的发展潜力

我国在乡村产业发展上进行了长期的不懈探索,从计划经济时期崭露头角的社队企业,到20世纪80年代异军突起的乡镇企业,再到20世纪90年代快速发展的农业产业化经营,这些探索和实践在特定历史阶段都发挥了重要的作用,为国民经济和社会的快速发展做出了历史性贡献。与此同时,在发展的过程中也不同程度地面临着一系列问题,表现虽各有差异,本质上则是深层次的体制机制矛盾。外部矛盾在于工农城乡发展不平衡,资源要素交换不平等,农业农村难以获得平等的发展机会;内部矛盾在于乡村发展环境有待改善,农村产权制度不完善、经营机制不灵活、资源优势难体现、集聚效应难形成。

近年来,随着城乡一体化进程加快推进,强农惠农政策力度不断加大,农村基础设施和公共服务逐步改善,大众消费需求提档升级,乡村产业发展又焕发了新的生机活力。农业的基础性地位得到进一步巩固,重要农产品供应充足,农业劳动生产率年均增幅超过10%。此外,农业生产性服务业产值超过2000亿元。传统产业加快转型升级、新产业新业态加速培育壮大,大大激发了农业农村经济发展活力,改善了乡村产业发展的内外部环境,为农业农村现代化发展提供了持续稳定的新动能。

乡村产业有着广阔的发展空间,蕴藏着推动农村经济社会发生深刻变化的巨大潜力。实现中国特色乡村产业振兴,就是要围绕全面建成小康社会目标和"四化同步"发展要求,立足我国基本国情农情和农村经济比较优势,以保障农产品供给、提高农民生活水平、实现乡村振兴为目标,以全面提高乡村人口承载力、产业竞争力和可持续发展能力为方向,以现代农业产业体系、生产体系、经营体系为支撑,以农村一、二、三产业融合为纽带,强化改革驱动,突出双创引领,大力发展新产业新业态,构建产业门类合理布局、资源要素有效集聚、创新能力稳步提升、内生动力充分激发、综合效益明显提高的产业体系,形成与城镇产业科学分工、优势互补、结构优化、合作发展,富有中国特色的乡村产业发展新格局。

中国特色乡村产业的内涵和外延十分丰富,在发展中要把握好四条原则。一是坚持以农为本,这是乡村产业发展的基本前提。乡村产业发展必须扎根于农村、立足于农业、服务于农民,充分利用农村特有的资源优势、人文条件、生态风光,将农村作为长期发展的坚实基础。二是坚持协调带动,这是乡村产业发展的本质要求。要把产业发展落到促进农民增收、农村繁荣上来,在保持乡村生态环境、乡土风情、公序良俗的基础上,走生产发展、生活富裕、生态良好的发展道路。三是坚持融合发展,这是乡村产业发展的必要途径。要进一步延长产业链条,拓展产业空间,促进农村一、二、三产业交叉融合,发展新产业新业态新模式,孕育乡村发展的新动能。四是坚持充满活力,这是乡村产业发展的衡量指标。产业发展的好或不好,关键是看产业是否具有活力。要不断培育新型经营主体,深入推进创业创新,引领乡村产业参与市场竞争,塑造核心优势,实现可持续发展。

二、乡村产业振兴的重点任务

乡村产业振兴任务艰巨，不同产业的功能定位不尽相同，要准确把握发展目标和方向，突出四个重点任务。

（一）保障农产品有效供给

保障国家粮食和重要农产品供给安全，是乡村产业发展的第一要义。要巩固提升粮食等重要大宗农产品生产能力，确保国家粮食安全。调整优化农业结构，推进农业由增产导向转向提质导向，立足农村资源禀赋优势，大力发展农产品加工业、休闲农业、乡村旅游、劳动密集型加工制造业、生产性和生活性服务业，提高农业供给体系质量与效率，满足居民日益增长的绿色优质物质产品和生态文化等精神产品需求。

（二）保持生态涵养

要坚持绿色发展理念，大力推行绿色生产生活方式，统筹山水田林湖草系统治理。强化政府与市场主体的生态环境保护责任，加强对可能产生污染的重点领域、重点产业监管，强化产业内部重点环节环境风险管控，应用先进适用的环保技术设备，尽可能降低对环境的负外部性。发挥乡村生态优势，大力发展乡村绿色生态环保产业，加强乡村资源回收利用和污染治理，将绿水青山打造成金山银山。

（三）带动农民就业增收

要以人民为中心，把产业发展落到促进农民增收上来，全力以赴消除农村贫困，推动乡村生活富裕。继续推进城镇化进程，通过减少农民来富裕农民，促使农村人口和劳动力向城市转移定居。但要看到，这个过程是相对缓慢和持续的过程，即便是城镇化率达到发达国家水平，我国仍有数以亿计的人口留在农村，他们生产、生活都需要产业支撑。乡村产业发展必须担负起创造稳定乡村就业的功能，实现农民更高质量就业，密切与农民的利益联结，促进农民收入持续快速增长。应大力发展乡村非农产业，充分发挥其带动就业、促进作用方面的显著作用。

（四）促进城乡融合发展

要立足城乡不同资源禀赋优势，通过产业错位布局、协同配合，整合城乡各类生产要素，实现城乡融合发展。一方面，要加强城乡产业之间的衔接和配套，将城市产业的部分配套产业如原材料生产和初加工等放在乡村，乡村产业的部分配套产业如产品设计、终端销售和配送等放在城市，充分发挥城乡比较优势，产业各个环节优化布局，实现互促共进双赢；另一方面，要加快引导城市的先进生产要素如人才、资金、技术、管理、信息等进入乡村产业，提升乡村产业发展能力与水平，开辟更广阔的空间，通过产业发展一体化，有效缩小城乡差距。

要高度重视我国乡村产业层次较低、资源利用较为粗放、对人才资金技术等要素的吸引力不强、经济效益相对低下等发展质量问题。当前和今后一个时期，要以推动乡村产业高质量发展为主线，进一步明确和细化乡村产业发展战略目标。着眼于增强产业实力，加强龙头带动，培育规模以上工业企业和农业产业化龙头企业，提升产业竞争力；加快推进提质增效，提高单位面积经济密度，提高资源利用率、劳动生产率；优化产业结构，提高主导产业产值比重，增强就业增收带动能力。着眼于增强产业内生动力方面，强化体制机制创新，引进乡村外部的人才、资本和管理理念，建立合理的利益联结机制；加快新产品开发和新技术新模式应用，多渠道开拓市场，多元化培育新产业新业态，促进产品服务价值实现；注重科技创新、扩大研发支出规模，提高全要素生产率。着眼于增强产业可持续发展能力，倡导绿色发展理念，注重节约资源、保护环境、造福社会、和谐发展，降低单位产出能源资源消耗，增加环境保护投入，降低污染物排放水平，实现污染物达标排放，鼓励发展清洁生产，加强废弃物处理和资源化利用，不断提高生态效益和社会效益。

第四节　完善乡村产业振兴的支持政策及具体举措

一、完善乡村产业振兴的支持政策

（一）推进城乡要素分配均等化、公共服务供给一体化

全面落实城乡统一、重在农村的基础设施建设保障机制，完善农村水电路气房网等基础设施。把农业农村作为财政支出的优先保障领域，中央预算内投资继续向农业农村倾斜，优化投入结构，创新使用方式，提升支农效能；加大各级财政对主要粮食作物保险的保费补贴力度，建立对地方优势特色农产品的保险补贴政策。引导资金流向农业农村，全面落实农村金融机构存款主要用于农业农村发展的考核约束机制，实施差别化货币政策，健全覆盖市县的农业信贷担保体系，改革抵押物担保制度，完善抵押物处置机制，扩大涉农贷款规模，推广政府和社会资本合作 PPP 模式，撬动金融和社会资本注入农业。对城市资本、人才、技术等要素下乡兴业制定优惠政策，引导外部要素向农村流动。

（二）继续深化农村重点领域改革

通过改革，创新乡村产业振兴制度供给，优化资源要素配置方式。深化农村土地制度改革，落实第二轮土地承包到期后再延长 30 年政策，在基本完成承包地确权登记颁证的基础上强化确权成果应用，完善农村土地"三权分置"制度，加快培育新型经营主体发展多种形式适度规模经营。加快推进农村"三块地"改革，完善新增建设用地保障机制，将年度新增建设用地计划指标确定一定比例用于支持农村新产业新业态发展，抓紧完善农民闲置宅基地和闲置农房政策，探索宅基地所有权、资格权、使用权"三权分置"，允许通过村庄整治、宅基地整理等节约的建设用地采取入股、联营等方式，重点支持乡村休闲旅游等产业和农村一、二、三产业融合发展。深化农村集体产权制度改革，全面开展清产核资、集体经济组织成员身份确认、股权量化等工作，研究赋予农村集体经济组织特别法人资格的办法。培育壮大农村集体经济，稳妥开展资源变资本、资金变股金、农民变股东、自然人农业变法人农业的改革，打造服务集体成员、促进普惠均等的农村集体经济组织。推进农业农村管理体制改革，严格落实各级党委抓农村基层党建工作责任制，发挥县级党委"一线指挥部"作用，实现整乡推进、整县提升。深化农村社区建设试点工作，完善多元共治的农村社区治理结构。深化农村精神文明建设，提高农民文明素质和农村社会文明程度。构建农业生产投入一体设计、农村一、二、三产业统一管理、农业国内国际"两种资源、两个市场"统筹调控的大农业管理格局。

（三）打造多元化、特色化的乡村产业融合发展格局

发展特色乡村产业，发挥区域特色与优势，打造一大批优质专用、特色明显、附加值高的主导产品，做强做大区域公用品牌；围绕有基础、有特色、有潜力的产业，创建一批带动农民能力强的现代农业产业园，建立农民充分分享二、三产业增值收益的体制机制。壮大新产业新业态，大力发展乡村休闲农业、乡村旅游、森林康养等多元化乡村产业，推进农业、林业与旅游、文化、康养等产业深度融合；加快发展农村电商，加快建立健全适应农产品电商发展的标准体系，支持农产品电商平台和乡村电商服务站点建设，发展电商产业园；加快发展现代食品产业，在优势农产品产地打造食品加工产业集群，积极推进传统主食工业化、规模化生产。完善小农户发展政策和机制体系，持续推进农业保险扩面、增品、提标，探索开展价格保险、收入保险试点，推广"保险+期货"模式；支持农户与新型经营主体通过订单农业、股份合作等形式建立紧密的利益联结机制，让处于产业链低端的小农户也能分享财政支农的政策红利、参与全产业链和价值链的利益分配。

二、推进乡村产业振兴的具体举措

（一）优化涉农企业家成长发育的环境，鼓励新型农业经营（服务）主体等成为农业农村延伸产业链、打造供应链、提升价值链、完善利益链的中坚力量

推进乡村产业振兴，必须注意发挥涉农企业家的骨干甚至"领头雁"作用。离开了企业家的积极参与，推进乡村产业振兴就如同汽车失去了引擎。加快构建现代农业产业体系、生产体系、经营体系，推进农村一、二、三产业融合发展，提高农业创新力、竞争力和全要素生产率，新型农业经营主体、新型农业服务主体的作用举足轻重。他们往往是推进质量兴农、绿色兴农、品牌兴农、服务兴农的生力军，也是带动农业延伸产业链、打造供应链、提升价值链的"拓荒者"或"先锋官"。发展多种形式的农业适度规模经营，也离不开新型农业经营主体、新型农业服务主体的积极作用和支撑带动。这些新型农业经营主体、新型农业服务主体带头人，往往是富有开拓创新精神的涉农企业家。各类投资农业农村产业发展的城市企业、工商资本带头人，往往资金实力强，发展理念先进，也有广阔的市场和人脉资源。他们作为企业家，不仅可以为发展现代农业、推进农业农村产业多元化和综合化发展，带来新的领军人才和发展要素；还可以为创新农业农村产业的发展理念、组织方式和业态、模式，为拓展和提升农业农村产业的市场空间、促进城乡产业有效分工协作提供更多的"领头雁"，更好地带动农业农村延伸产业链、打造供应链、提升价值链。推进乡村产业兴旺，为许多乡村新产业、新业态、新模式的成长带来了"黄金机遇期"，也为城市企业、工商资本参与乡村振兴提供了可以发挥比较优势、增强竞争优势的新路径。如在发展农业生产性服务业和乡村旅游业，城市企业、工商资本具有较强的比较优势。

支持各类企业家在推进乡村产业振兴中建功立业，关键是优化其成长发育的环境，帮助其降低创新创业或推进产业兴旺的门槛、成本和风险。要结合农业支持政策的转型，加强对新型农业经营主体、新型农业服务主体的倾斜性、制度化支持，引导其将提高创新力、竞争力、全要素生产率和增强对小农户发展现代农业的带动作用有机结合起来。要结合构建农村一二三产业融合发展体系和加快发展农业生产性服务业，鼓励专业大户、家庭农场、农民合作社、农业产业化龙头企业等新型农业经营主体或农业企业、农资企业、农产品加工企业向新型农业服务主体或农村产业融合主体转型，或转型成长为农业生产性服务综合集成商、农业供应链问题解决方案提供商，带动其增强资源整合、要素集成、市场拓展提升能力，进而提升创新力和竞争力，成为推进乡村产业兴旺的领军企业或中坚力量。结合支持这些转型，引导传统农民、乡土人才向新型职业农民转型，鼓励城市人才或企业家"下乡"转型为新型职业农民或农业农村产业领域的企业家。

要结合支持上述转型，鼓励企业家和各类新型经营主体、新型服务主体、新型融合主

体等在完善农业农村产业利益链中发挥骨干带动作用。通过鼓励建立健全领军型经营（服务）主体、普通经营（服务）主体、普通农户之间，以及农业农村专业化、市场化服务组织与普通农户之间的利益联结和传导机制，增强企业家或新型经营主体、新型服务主体、新型融合主体对小农户增收和参与农业农村产业发展的辐射带动力，更好地支持小农户增强参与推进乡村产业兴旺的能力和机会。

（二）引导督促城乡之间、区域之间完善分工协作关系，科学选择推进乡村产业振兴的重点

发展现代农业是推进乡村产业振兴的重点之一，但如果说推进乡村产业振兴的重点只是发展现代农业，则可能有些绝对。至少在今后相当长的时期内，就总体和多数地区而言，推进乡村产业振兴要着力解决农村经济结构农业化、农业结构单一化等问题，通过发展对农民就业增收具有较强吸纳、带动能力的乡村优势特色产业和企业，特别是小微企业，丰富农业农村经济的内涵，提升农业农村经济多元化、综合化发展水平和乡村的经济价值，带动乡村引人才、聚人气、提影响，增加对城市人才、资本等要素"下乡"参与乡村振兴的吸引力。因此，推进乡村产业振兴，应该采取发展现代农业和推进农业农村经济多元化、综合化"双轮驱动"的方针，二者都应是推进乡村产业振兴的战略重点。当然，发展现代农业要注意夯实粮食安全的根基，也要注意按照推进农业结构战略性调整的要求，将积极推进农业结构多元化与大力发展特色农业有效结合起来。

推进农业农村经济多元化、综合化，要注意引导农村一、二、三产业融合发展，鼓励农业农村经济专业化、特色化发展；也要注意引导城市企业、资本和要素下乡积极参与，发挥城市产业对乡村产业高质量发展的引领辐射带动作用。但哪些产业或企业适合布局在城市，哪些产业或企业适合布局在乡村或城郊地区，实际上有个区位优化选择和经济合理性问题。如果不加区分地推进城市企业进农村，不仅有悖于工业化、城镇化发展的规律，也不利于获得集聚经济、规模经济和网络经济效应，影响乡村经济乃至城乡经济的高质量发展。按照推进乡村振兴和区域经济高质量发展的要求，适宜"下乡"的企业应具有较强的乡村亲和性，能与农业发展有效融合、能与乡村或农户利益有效联结，有利于带动农业延伸产业链、打造供应链、提升价值链；或在乡村具有较强的发展适宜性、比较优势或竞争力，甚至能在城乡之间有效形成分工协作、错位发展态势。如乡村旅游业、乡村商贸流通业、乡村能源产业、乡村健康养生和休闲娱乐产业、农特产品加工业、乡土工艺品产销等乡村文化创意产业、农业生产性服务业和乡村生活性服务业，甚至富有特色和竞争力的乡村教育培训业等。当然，不同类型地区由于人口特征、资源禀赋、区位条件和发展状况、发展阶段不同，适宜在乡村发展的产业也有较大区别。

需要注意的是，推进农业农村产业多元化、综合化发展，与推进农业农村产业专业

化、特色化并不矛盾。多元化和综合化适用于宏观层面和微观层面，专业化和特色化主要是就微观层面而言的，宏观层面的多元化和综合化可以建立在微观层面专业化、特色化的坚实基础之上。通过推进农业农村产业多元化、综合化和专业化、特色化发展，带动城乡各自"回归本我、提升自我"，形成城乡特色鲜明、分工有序、优势互补、和而不同的发展格局。

大力发展文化、科技、旅游、生态等乡村特色产业，振兴传统工艺。培育一批家庭工场、手工作坊、乡村车间，鼓励在乡村地区兴办环境友好型企业。依托这些产业推进农业农村经济多元化、综合化，都容易形成比较优势和竞争力，也容易带动农民就业创业和增收。有些乡村产业的发展，不仅可以促进农业农村经济多元化、综合化和专业化、特色化发展，还可以为"以工促农""以城带乡"提供新的渠道，应在支持其发展的同时，鼓励城市产业更好地发挥对乡村关联产业发展的引领带动作用。如鼓励城市服务业引领带动农业生产性服务业和乡村生活性服务业发展。当今世界，加强对农产品地产地消的支持已经成为国际趋势。不仅与我国资源禀赋类似的日、韩等国早已注意这一点，与我国资源禀赋迥异的美国在农业政策的演变中也呈现类似趋势。形成这种趋势的一个重要原因是，支持农产品地产地消可以带动为农场、企业提供服务的储藏、加工、营销等关联产业发展，并通过促进农产品向礼品或旅游商品转化，带动农业价值链升级。这是按照以工促农、以城带乡、城乡融合、互补共促方向构建新型工农城乡关系的重要路径。但有些城市产业"下乡"进农村可能遭遇"水土不服"，导致发展质量、效益、竞争力下降，不应提倡或鼓励。至于有些产业"下乡"，容易破坏农村资源环境和文化、生态，影响可持续发展。依托这些产业的城市企业"下乡"，不仅不应鼓励，还应通过乡村产业准入负面清单等，形成有效的"屏蔽"机制，防止其导致乡村价值的贬损。

我国各地乡村资源禀赋各异，发展状况和发展需求有别。随着工业化、信息化、城镇化和农业现代化的推进，各地乡村发展和分化走势也有较大不同。在此背景下，推进乡村产业兴旺也应因地制宜、分类施策，在不同类型地区之间形成各具特色和优势、分工协作、错位发展的格局。

（三）加强支撑乡村产业振兴的载体和平台建设，引导其成为推进乡村产业振兴甚至乡村振兴的重要结点

近年来，在我国农业农村政策中，各种产业发展的载体和平台建设日益引起重视。如作为产业发展区域载体的粮食生产功能区、重要农产品生产保护区、特色农产品优势区、现代农业产业园、农村产业融合发展示范园、农业科技园区、电商产业园、返乡创业园、特色小镇或田园综合体、涉农科技创新或示范推广基地、创业孵化基地，作为产业组织载体的新型农业经营主体、新型农业服务主体、现代农业科技创新中心、农业科技创新联盟和近年来迅

速崛起的农业产业化联合体、农业共营制、现代农业综合体等复合型组织,以及农产品销售公共服务平台、创客服务平台、农特产品电商平台、涉农科研推广和服务平台、为农综合服务平台,以及全程可追溯、互联共享的追溯监管综合服务平台等。这些产业发展的载体或平台往往瞄准了影响乡村产业振兴的关键环节、重点领域和瓶颈制约,整合资源、集成要素、激活市场,甚至组团式"批量"对接中高端市场,实现农业农村产业的连片性、集群化、产业链一体化开发,集中体现现代产业发展理念和组织方式,有效健全产业之间的资源、要素和市场联系,是推进农业质量变革、效率变革和动力变革的先行者,也是推进农业农村产业多元化、综合化发展的示范者。以这些平台或载体建设为基础推进产业振兴,不仅有利于坚持农业农村优先发展和城乡融合发展,还可以为推进乡村产业振兴和乡村振兴的高质量发展提供重要结点,为深化相关体制机制改革提供试点试验和示范窗口,有利于强化城乡之间、区域之间、不同类型产业组织之间的联动协同发展机制。

前述部分载体和平台的建设与运营,对于推进产业振兴甚至乡村振兴的作用,甚至是画龙点睛的。如许多地方立足资源优势推进产业开发,到一定程度后,公共营销平台、科技服务平台等建设往往成为影响产业振兴的瓶颈制约,对于增加的产品供给能在多大程度上转化为有效供给,对于产业发展的质量、效益和竞争力,往往具有关键性的影响。如果公共营销平台或科技服务平台建设跟不上,立足资源优势推进产业开发的过程,就很容易转化为增加无效供给甚至"劳民伤财"的过程,因此不仅难以实现推进产业振兴的初衷,还可能形成严重的资源浪费、生态破坏和经济损失。在此背景下,加强相关公共营销平台或科技服务平台建设,往往就成为推进乡村产业振兴的"点睛之笔"。对相关公共营销平台或科技服务平台建设,通过财政金融甚至政府购买公共服务等措施加强支持,往往可以收到"四两拨千斤"的效果。

(四)以推进供给侧结构性改革为主线,推进农业农村产业体系、生产体系和经营体系建设

推进供给侧结构性改革,其实质是用改革的办法解决供给侧的结构性问题,借此提高供给体系的质量、效率和竞争力;其手段是通过深化体制机制改革和政策创新,增加有效供给和中高端供给,减少无效供给和低端供给;其目标是增强供给体系对需求体系和需求结构变化的动态适应性和灵活性。当然,这里的有效供给包括公共产品和公共服务的供给。如前所述,推进乡村产业兴旺,应该坚持发展现代农业和推进农业农村经济多元化、综合化"双轮驱动"的方针。鉴于我国农业发展的主要矛盾早已由总量不足转变为结构性矛盾,突出表现为阶段性供过于求和供给不足并存,并且矛盾的主要方面在供给侧;在发展现代农业、推进农业现代化的过程中,要以推进农业供给侧结构性改革为主线,这是毫无疑问的。

加快构建现代农业产业体系、生产体系、经营体系，在推进农业供给侧结构性改革中占据重要地位。鉴于近年来相关研究文献较多，本文对此不再赘述，只强调积极发展农业生产性服务业和涉农装备产业的重要性与紧迫性。需要指出的是，农业生产性服务业是现代农业产业体系日益重要的组成部分，是将现代产业发展理念、组织方式和科技、人才、资本等要素植入现代农业的通道，也是增强新型农业经营（服务）主体进而增强农业创新力、竞争力的重要途径，对于推进农业高质量发展、实现服务兴农具有重要的战略意义。实施质量兴农、绿色兴农甚至品牌兴农战略，必须把推进涉农装备制造业的发展和现代化放在突出地位。无论是在农业生产领域还是在农业产业链，情况都是如此。

当前，许多国内行业处于领先地位的农产品加工企业的设备是从国外引进且国际一流的，但国内缺乏国际一流的设备加工制造和配套服务能力。这就很容易导致国内农产品加工企业的加工设备在引进时居国际一流水平，但很快就沦落为国际二流甚至三流水平。可见，农业装备水平的提高和结构升级，是提升农业产业链质量、效率和竞争力的底蕴所在，也是增强农业创新力的重要依托。随着农产品消费需求升级，农产品/食品消费日益呈现个性化、多样化、绿色化、品牌化、体验化的趋势，但在我国农业产业链，许多农业装备仍处于以"傻、大、黑、粗"为主的状态，难以满足推进农产品/食品消费个性化、多样化、绿色化、品牌化、体验化的需求，制约农产品/食品市场竞争力和用户体验的提升。近年来，我国部分涉农装备制造企业积极推进现代化改造和发展方式转变，推进智能化、集约化、科技化发展，成为从餐桌到田间的产业链问题解决方案供应商，也是推进质量兴农、绿色兴农的"领头羊"，对于完善农业发展的宏观调控、农业供应链和食品安全治理也发挥了重要作用。要按照增强农业创新力和竞争力的要求，加大引导支持力度。实际上，农业装备制造业的发展和转型升级滞后，不仅影响到农业质量、效率和竞争力的提升，在许多行业已经成为影响可持续发展的紧迫问题。如随着农业劳动力成本的提升和农产品价格波动问题的加剧，部分水果、蔬菜，特别是核桃、茶叶等山地特色农业的发展越来越多地遭遇"采收无人""无人愿收"的困扰。广西等地的经验表明，特色农机的研发制造和推广，对于发展特色农业往往具有画龙点睛的作用。推进农业农村经济多元化、综合化主要是发展问题，但在此发展过程中也要注意按照推进供给侧结构性改革的方向，把握增加有效供给、减少无效供给和增强供给体系对需求体系动态适应、灵活反应能力的要求，创新相关体制机制和政策保障，防止"一哄而上""一哄而散"和大起大落的问题。要注意尊重不同产业的自身特性和发展要求，引导乡村优势特色产业适度集聚集群集约发展，并向小城镇、产业园区、中心村、中心镇适度集中；或依托资源优势、交通优势和邻近城市的区位优势，实现连片组团发展，提升发展质量、效率和竞争力，夯实其在推进乡村产业兴旺中的结点功能。

第三章 乡村振兴战略下特产产业的创新发展

第一节 特产品开发融合创新

一、融合创新形式

(一) 融合创新领域

1. 功能融合

产业融合不仅推动了构成要素的创新,而且促进了核心功能和辅助功能的创新。功能创新已经成为特产品创新的关键,功能增加是未来特产品开发的一个重要方向,也成为功能农业发展的重要领域,如富硒小米、高硒醋、小米酒等。功能农业是继高产农业、绿色农业之后发展起来的新型业态,通过功能产品食品的提供,促进了农业供给侧的结构性改革,改善了市场结构和消费需求之间的平衡,通过特产品功能外显化的服务创新则能够提高消费者的满意度或忠诚度,并进一步提升消费者对产品的形象认知。功能创新提升了特产品价值的实现水平,关乎产品的市场推广与价值实现,其创新过程中需要的技术、知识、资源可能分散于组织的每个部门、团体甚至不同的个人。产品功能创新是建立在一定规范基础上的区域合作,促进了创新知识在组织间的有效转移,推动了现代科技、创意营销等知识的有效转化,降低了特产品的生产、储运、销售等成本,从而使得产品开发呈现功能的创新。同时,借助电商平台和现代物流业的发展,通过品牌化的塑造力量,拓展更广阔的市场空间,提升特产品的多元价值实现水平。

功能多元化是产品创新的重要趋势,也是多重创新要素组合的必然要求。按照熊彼特的创新理论,这种"创新"或生产要素的新组合具有五种情况:一是产品创新;二是工艺创新或生产技术创新;三是市场创新;四是材料创新;五是管理创新。其融合创新的核心理念在于综合技术创新、制度创新、金融创新、商业模式创新等创新的子领域,从而打破科研及社会经济等功能领域的藩篱,以同时促进环境保护、公共健康、社会公平和财富增长为目的,对融合创新增长模式进行再思考、再设计、再创新。融合创新是将各种要素进行创造性的融合,使各创新要素之间互补匹配,从而使创新系统的整体功能发生质的飞跃,形成独特的不可复制、不可超越的创新能力和核心竞争力。通常情况下,融合创新的内涵由六个维度构成,即产品创新、服务创新、业务流程创新、业务模式创新、管理创新、制度创新。从其内涵来看,以特产品为核心的融合创新既是产品生产加工营销的过程,也是现代多功能农业网络构建的创新过程,推动了由注重物质的生产主义向注重物质和服务并重的后生产主义转变。多功能农业创新把生态环境与技术、制度都看作生态创新(ecological innovation)的内生变量,从一维的生产加工创新向多维的生产服务及体制等综合创新的转型升级,构建了生态创新、制度创新、技术创新"三位一体"的发展模式,不仅强调了创新主体的网络结构及网络能力要素,而且注重生产性要素与非生产性要素融合创新(integrated innovation)的整合作用,增强了供给端与需求端的密切接触,使得生产端更加开放,需求端的体验更灵活,丰富了乡村生态环境保护与融合创新内涵。

2. 领域融合

以特产品为原料的生产加工业,是特产品生产创新的重要基础产业,其产出品为最终消费品或再生产的投入品,联结种养加工业与服务行业,具有"承一接三"的特点。按照集约节约、环境友好、绿色发展要求,鼓励特产品加工企业开展副产物循环高值梯次利用,推行低消耗、少排放、可循环的绿色生产方式,构建以乡村社区为核心和以社会企业为核心的两种生态体验服务型经济发展模式。发展生态体验服务型经济,推进"资源—生产—加工—服务—体验"的发展模式,提升新型业态的可持续发展水平。加工企业要以创新为基石,不断地开发新产品,提供使客户满意的服务,让产品真正被消费者认可。加工业要形成特定的供需规模、购销批量、交易频率、谈判地位和合作方式等,形成参与产业融合的潜在特质,尤其是通过与景观空间的融合,形成以休闲体验为核心的新型空间,提升特产品的空间塑造能力。产业发展形成完善的业务模式和业务流程,使整个体系达到最优的状态,不断更新管理和制度,适应政策与社会的变化,这样多维度的创新才是一个企业真正需要的创新。

产业融合的目的在于创造多元价值,增强其产业链的综合竞争实力。按照价值链理论,通过订制化和个性化的服务增值,使得特产品的每个环节都能够满足顾客提出的特殊要求,实现生产环境与服务体验的融合创新。核心产品的服务创新主要通过服务集成(service integration),在现有实物产品生产过程中,增加新的服务,从而满足客户对产品的功能性需求,提供面向产品生产与服务的综合创新,使得科技发展融入生产过程与体验服务过程中,提升共享体验价值的实现水平。扩展产品的服务创新主要是指产品扩展服务

（product extension service），通过增加诸如升级、配套、检测、维修和融资担保等服务来提升实物产品的价值，从而向客户提供服务创新。从特产品品牌价值的形成过程来看，特产品的资源价值分为本体价值和现实价值。产品的本体价值更多地聚焦于产品品牌在生产加工过程中对人类历史发展的推动作用。从特产品的资源保护与开发的角度来看，保护主要针对资源的本体价值，而开发则主要侧重于现实价值的品牌化，提升产品的文化与体验等多元价值的实现水平。其现实价值则更多地立足于现实人类的需要而产生的意义，而这些推动作用和现实需要都是从局部到区域再到更大范围的创新拓展行动。不断涌现的新技术促使特产品的经营主体围绕核心产品迅速开发出系列的新产品，进一步将产品和服务整合成为有力的、创新的统一体，从而拉大经营主体之间的差异性，并提升客户的忠诚度。通过高新技术的融合、产品种类的丰富以及产品生命周期的缩短，促使产品和服务的创新成为企业争夺市场领导权的至关重要的驱动力，加速产业动能的转化。

融合创新形成的功能多元化，使得特产品开发不再局限于产品本身的使用功能，而是更加注重产品服务，以及生长生产环境的综合体验服务，共同创造共享体验价值。2020年，许多地方推出了2.5天周末的政策，这对旅游消费构成重大利好，推动特产品的需求市场发生了较大的转变。旅游体验过程就是移动式的空间体验行为，对场景构建要求很高。旅游消费和物质消费的显著差异在于，旅游消费实质上也是时间的消费。制约当前旅游消费增长的一个重要因素就是时间，有了丰富创新形式的特产品，旅游体验的场景"道具"，也更加丰富，体验行为也更加丰富多彩，体验消费的时间也就更加长久。从某种程度上来讲，乡村旅游体验更是一种休闲行为，更加注重的是乡村旅居。

3. 创新营销模式

从市场需求、价值主张、电商平台、消费行为、商业生态等方面进行融合，有助于推动特产品创新营销模式的实施。从业务模式及业务流程来看，消费行为、电商平台及市场需求等对模式和流程的改变，给经营主体运营带来了巨大变化，越来越多的竞争将在模式和业务流程层面展开。创新的业务模式和流程不仅能够节约成本、提高生产效率，而且能够带来更多的收益，提升产品的多元化价值实现水平，在各行业之间建立"核心—外围"的行业分布格局。

随着互联网技术融入产业发展的各个领域，特产品创新营销模式呈现出快速增长的势头。"直播""特产品+网红直播+电商平台""特产品+可视农业""特产品+微商""特产品+社群"等已经成为重要的发展模式。2020年疫情持续期间，借助于互联网上的直播平台，将产业化运作的农业经济与数字经济（digital economy）整合在一起，实现经济环境和经济活动的根本变化，也使得偏远地区的特产品实现了营销全国各地的发展目标。数字型平台与特产品的生产环境密切相连，赋予艺人每一种特产品的时光味道，让消费者能够感受到原生环境的清净，体验到当地手艺人的匠心和当地人的情怀，更让远在深山地区的特产品变得不再遥远，变得让人很难拒绝。

  通过数字化的商务平台，不仅可以省去很多中间环节，而且可以通过现代化物流将商品送到消费者手中。在快捷的交流中，生产者与消费者双方建立了互信，增强了对数字经济的发展信心，消费者也能买到货真价实的优质特产品。随着网络直播的迅猛发展，经营实体与用户建立了信任联系，提升了商务平台发展的综合水平。参与直播的经营主体要掌握特产品的特点、品质和消费者的心理等关键点，借助淘宝直播、快手直播、抖音直播、头条直播等平台的传播效应，更好地助推特产品品牌营销及新型业态的发展。

  在"特产品+网红直播+电商平台"模式中，网红可以是名人明星，可以是当红网络女主播，可以是当地比较权威的人或机构，可以是卖家自己打造的"村红"。"特产品+可视农业"模式，投资相对比较大，其产品有源可溯，能让消费者放心。依靠互联网、物联网、云计算、GNSS、雷达技术及现代视频技术发展起来的"可视农业"，将农作物或牲畜生长过程呈现在公众面前，让消费者放心购买到优质的特产品。消费者或投资者利用网络平台进行远程观察并下达订单，通过可视平台就能观察到自己订的蔬菜、水果和猪牛羊等畜产的生产、管理全过程，有效地解决了传统农业市场通路、资金短缺和食品安全三大疑难问题。"特产品+微商"模式，则是通过微信朋友圈发布特产品的种植、成长、采摘等信息，通过把特产品的生长情况拍成图片发布到微信朋友圈里，让用户第一时间了解特产品的生长等情况。"特产品+电商"模式的推广，让更多人了解和知晓特产品的生产特性，更方便了用户在线下单及购买。特产品的视频直播、产品溯源、私人订制模块等内容，也通过"线上购物+特产品+旅游产品"模式巧妙地融合在一起，将线上的消费者带到实体店中，使得特产品交易可以实现在线下单、支付，并由线下的体验店提供展示和配送服务等。"特产品+社群"模式，社群是有共同标签、共同兴趣、共同爱好、共同需求属性的人自发或者有组织的群体组织。对某一款特产品或者具有相同属性的特产品有着共同需求的人组成的群体，他们对特产品的需求相同。C2B与O2O两种模式的结合，形成线上线下一体的消费者对商家模式，消费者需要什么，商家就应该给什么，把区域消费者变成自己的粉丝。

  产品地理标志是一种知识产权，优质的特产品以知识产权为先导，以生产加工为依托，以企业为主体，以创意生产为核心，以市场需求为指引，以特产品附加值为目标，以持续利用为目的，形成能够将特产品的产前、产中和产后诸环节联结起来的产业链条。产业链条将特产品与文化、艺术创意结合，使其成为"四高"（即高文化品位、高知识化、高盈利性、高附加值）产品。那些具有创意的特产品常常具有个性化、创意化、时尚化、品牌化和规模化的特征，它们的经营以美学经济为基础，以提高"三率"（即土地产出率、资源利用率、劳动生产率）为目的，通过创造美感风格，提供美学体验，以突出创新形成特产品的美学价值，在地理空间上产生集聚效应，从而达到增加产业相关要素黏性的目的。

4. 创新组织

营销渠道创新是特产品顺利在市场流通并创建品牌的保证。对于特产品来说，从生产到最终的消费，主要可以分成三类组织：生产者、中间商、消费者。特产品加工企业参与产业融合的动机在于模糊化或消除行业界限，以获得潜在利益，形成范围更广泛的竞争优势。对于生产者的组织创新来说，各类农业合作社和农业协会是一个创新的方向，这样可以实现农业的规模化生产和销售，抵制市场风险，提升产业的可持续发展水平；另外，龙头企业或经营大户是特产品产业链的重要组织创新形式，培育和扶持这种能够牵动产业链的经营主体发展，有利于把特产品的产前、产中、产后各个环节联结成统一的利益共同体，推动内生动力与外生动力的协调发展，增强乡村振兴的发展动力。

通过部门之间的"内向"融合，推动产加销的"纵向"融合、生产加工服务的"横向"融合、新技术渗透的"逆向"融合、产业与园区专业村的"多向融合"和多元主体利益融合，拓展了产业链的发展内涵。标准化园区和专业合作社要广泛运用产销对接的方式，以产业链对接的方式将特产品生产成本和生产风险降低，推动经营业户、龙头企业、批发商等价值链主体形成共同体，共同面对激烈的市场竞争。

随着电商平台及现代物流业的发展，专业合作组织流通创新有了更深刻的多样化内涵。政府以专项财政资金支持经营业户建立专业合作社与特产品批发市场、大型超市，尤其注重智慧型批发市场特产品质量的追溯信息建设，支持产地批发市场成为特产品产销对接的连接点，以"组建联合经营业户""合作社组团"等组织创新形式提高生产和销售水平，出台优惠政策，提升摊位制经营户对特产品批发销售的规模经济水平，支持农民合作社开设特产品直营企业。

创新组织的规范、有效合作可以提供市场变化的第一手信息，为特产品创新提供信息指导，使具有创新特色的特产品符合日益变化的市场需求。在技术创新中，经营主体是新技术的最终采用者，政府技术推广部门、经营企业、中介组织、专业协会、特产科技园区等是技术创新扩散的渠道，经验知识和技术诀窍等隐性知识只能通过在社会网络中技术学习获得。经营业户、企业、农业科研机构、政府机构通过社会网络联合在一起，利用"试验—示范—产业生产—商品—市场"模式推动实用技术的扩散。技术创新包括新产品和新工艺以及产品和工艺显著的技术变化，由于企业技术创新过程的复杂性，国内外对如何测度经营主体创新绩效，至今仍没有一个标准的体系。

专业合作社为特产品加工企业提供原材料，加工企业为创新产品的实现提供设备，两者通过不断合作、交流、沟通，实现内部核心技术、知识的有效转移，使技术竞争力能够很好地在创新产品上得以体现，跨越部门、个人界限，促进创新隐性知识有效转移。经营个体拥有特产经营的社会资本，是企业最核心的能力，但创新的显性知识与隐性知识普遍存在于不同的经营主体之中，往往很难清晰地表达出来，不仅对特产品的生产加工影响较大，而且直接关系到产业链的构建，影响产业功能的转化，直至最终目标的实现。借助于现代的网络平台，建立区域论坛、个人社团的形式、工作轮换制打破了组织部门之间的界限，使基本的、常用的技术知识迅速得到普及和推广，提高了和加速知识、技术、资源的流动和扩散，进而增加了特产品创新知识转化的绩效。

（二）产业融合体验

1. 体验融合过程

特产品体验是人们在使用产品时，从感官到情感及理性的客观感受，消费者用自己的身心去体会特产品给生活带来的是便利还是麻烦，从而判断特产品的价值高低。特产品体验必然要与场景及其相关的道具要素相结合，在剧情的引导下，完成相应的体验活动，在体验营销过程中，感知特产品的品质和其他特质。特产品体验营销主要有果蔬采摘、农家乐、新鲜果蔬品尝、农事观摩、假日农场等形式，是体验活动的主流形式，虽然这些属于较为初级的体验营销，但将特产品体验营销与休闲农业、观光旅游的发展结合起来，却是康养产业与现代农业的融合发展趋势。将生活中的情感元素带入特产品的体验营销过程中，有助于提升体验场景的要素综合作用，通过人们的记忆扩大产品的销售面，从而提升其额外的情感价值和理性价值。

以服务体验拉动产品消费作为产品服务融合商业模式的表现形式之一，主要围绕消费者对与特产品关联的生活性服务的消费需要，以特产品的服务体验拉动特产品的消费，通过情景化场景设计与开发提供体验服务，满足特产品消费者的体验式和场景化需求。该产品服务融合商业模式，以体验式的生活性服务为核心，引领并改变特产品消费者的消费方式，进而实现特产品与生活性服务的联动消费。现代特产品的体验营销是一种基于移动互联网O2O模式的营销，采用看、听、用、参与等手段，充分刺激和调动消费者的感官、情感、思考、行动、关联等感性因素和理性因素，这比广告营销传达的信息感觉强烈得多。

以生活性服务激发特产品消费者的体验式消费，丰富消费者的生活内涵。单一的特产品消费主要满足消费者的物质性需求，而消费升级逐步促进消费者需求朝着更高层次的

"生活体验"转向。产品融合商业模式的重点是通过特产品供应链成员与生活性服务企业的跨界合作,协同推出独具特色的服务,激发消费者的体验式消费。特产品电商与供应链其他成员(品牌商、商超、农场、农庄等)建立协同合作的关系,推出具有特色的服务体验项目,并连接"互联网+"平台输出相关体验项目信息(文字、图片、音频等),以构建体验意象,进而激发特产品消费者产生线下体验的动机。特产品电商与跨产业经营主体实施合作,打造新型特产品消费业态,融合生态旅游服务(果蔬采摘、野外聚餐等),打造休闲产业、康体养生、乡村旅游等项目,或融合上门服务(厨师上门等),推出新型餐饮项目,促进特产品消费者从"产品消费"向"体验式消费"转变。

以服务体验进一步拉动产品与服务的联动消费,实现与特产品生产加工营造的休闲环境的共享体验,提升特产品的多元价值实现水平。在增强特产品消费者感知价值的基础上,使营销创新升级,不断转向高附加值的特产品,最终实现特产品与生活性服务的联动消费,丰富特产品的消费空间。特产品电商协同供应链上的节点成员,打造符合特产品消费者需求的体验场景,吸引消费者参与并延长消费时间,促使其自发感知产品与服务的多元价值,进而激发消费者在服务体验现场购买特产品的意愿。通过提供服务体验,实现特产品消费者感知价值的提升,促使其增强对特产品的购买意愿,进而实现特产品与生活性服务的联动消费。

消费理念由单一的产品消费诉求转变为多元的产品与服务消费诉求,是一个激发体验感知不断升级的过程。特产品电商作为产品服务融合商业模式中的核心成员,建立集信息共享、资源集成与在线匹配等功能于一体的"互联网+"平台,协同特产品提供者、生活性服务提供者等供应链成员,共同打造产品资源与服务资源的集成网络。电商平台是产品服务融合商业模式的核心资源,不仅为特产品消费者便捷了解、获取资源提供了有效途径,而且为后续开展产品服务融合奠定了基础,实现了前台体验与后台服务的良性互动,增强消费者对平台依赖的忠诚度。特产品电商依据平台定位、用户需求等匹配特产品提供者、生活性服务提供者,快速组建供应链,基于"互联网+",实现供应链成员间的开放性协作,促进了经销商、渠道、品牌等资源的共享发展,形成了互动、共赢的供应链关系结构,为构建资源集成网络创造了条件。电商协同供应链成员持续地输出产品资源与服务资源,借助"互联网+"整合多渠道资源,以打造平台生态与集成环境,推出美食菜谱、养生套餐、特产社群、本地化烹饪与产地体验等项目,同时连接微信、微博等社交媒体,拓宽网络辐射范围,有助于消费者快速了解、获取产品与服务资源信息,增强对特产品的购买信心。特产品生产者还可通过故事营销、情感营销等塑造产地与特产品形象,利用微信、微博等社交媒体,扩大营销宣传范围,提升特产品的知名度,逐渐在消费者心中形成"品质、绿色、有机"等综合性的品牌认知,增强特产品品牌的影响范围。特产品生产者须进一步发挥产地优势，从"特产品提供"转向"生活体验服务提供"，从生产者和消费者共享体验的视角拓展营销业务，实现向产业链的生态化和品质化转型。

随着消费者在"互联网+"平台的交易越发活跃，平台记录、积累并分析更多的消费者行为大数据，有助于实现对消费者的数字化管理，实现特产品的精准营销和精准服务。在产品服务融合商业模式中，依据互联网技术，从产品、服务两个维度深度挖掘与分析消费者的需求，进而匹配最合适的特产品提供者、生活性服务提供者等，开展以需求为导向的产品服务融合。电商首先是匹配合适的特产品，为消费者进行"量身打造"，协助特产品消费者购买符合自身个性化需求的产品。这种方式旨在实现特产品的可订制化（营养套餐、家庭配餐、食材搭配等），通过加工链条、主干冷链物流、末端生活性服务（储物柜暂存、送货到家等），以新鲜、优质的特产品满足消费者需求，创造出高于单一特产品的价值。

2. 体验营销模式

体验营销理念改变了特产品的生产和销售方式，既可以提高特产品产量、贴合市场需求，又可以创造体验场景，实现生产者与消费者的共享。体验营销是以消费者在消费前、消费中及消费后的切身体验为导向，充分发掘消费者的深层理性，从感官、情感、思考、行动和关联诸方面，重新定义并设计营销理念，通过交换以不同体验为主要价值的产品获取所需所欲的一种社会管理过程。体验营销结合了感性和理性，让消费者能有更多的思考时间，能够充分体现出消费的个性化，调动消费者的互动积极性。特产品的价格要顺应市场的变化，并符合政府宏观调控的各项要求，保护社会主义市场经济，并根据我国经济发展规律办事，推动我国特产品产业成为当地的支柱产业，促进新型城镇化的发展，成为联动城乡一体化的产业纽带。

特产品经营主体可以从感官、情感、思考、行动和关联五个方面来满足其体验需求。感官体验方面，特产品企业可以通过产品外观、功能和质量上的创意来开发满足使用者的视觉、触觉、审美的需求，如某些企业为了提高特产品的外观，对特产品外观采用文创的方式进行设计，融入了地方的文化元素，以形象生动的卡通等文化创意形式吸引消费者的体验意愿；情感体验方面，特产品经营主体在营销服务中融入亲情、友情、爱心、自信心和拼搏精神等元素来触动消费者的内心情感，创造情感氛围，激发消费者对产品的情感认同；思考体验方面，特产品经营主体可以围绕企业核心产品，通过创意设计各种体验服务项目来启发消费者的智力，让消费者创造性地探知、分析和解决问题，从而获得一种思维体验；行动体验方面，特产品经营主体以产品为载体，引导消费者参与特产品的种植、培育、收获和加工的活动体验，为其创造一种充满乐趣的全新生活方式体验；关联体验方面，特产品企业借助电商营销平台提供的诸多形式，让消费者和一个广泛的社会系统建立关联的互动，与这个社会系统的群体文化建立一种感性、情感及理性方面的文化互动，从而达到满足消费者渴望沟通交流、获得别人认同和好感的需求。

在特产品加工业提供的体验活动（如食品加工制造、烟草加工、皮革加工、木材加工等）中，要充分考虑到这些行业的生产特征，将可以实现体验的生产过程与休闲体验结合在一起，实现共享体验的联动开发。而农村的传统手工业，如特色民俗产品、油画、竹筐等，可以让游客参与制作，也可以做好卖给游客，带动当地农民就业，促进农民增收。

特产品与消费者的生活息息相关，它关系到消费者的身体健康、人身安全和幸福度等顾客满意指标，产品本身具有的体验价值以及附加值都影响着顾客的消费体验。如绿色特产品，不仅代表健康生活体验，还有简约时尚体验，甚至上升到爱生活、爱社会的大爱体验，是人们生活中不可缺少的一部分。以生态旅游服务拉动特产品的康养消费，除了能让消费者在舒适的康养环境中欣赏美景、体验地域文化外，还能在"养颜健体、营养膳食、修身养性、关爱环境"等方面共享乡村的传统特色文化。特产品体验营销通常采用休闲旅游的发展模式，即利用田园景观，吸引游人参与活动体验等形式，其实质是特产品生产与休闲旅游发展的结合，利用特产品生产场所、特产品消费场所和休闲旅游场所合于一体的空间，设置一些有趣的生产过程性项目吸引游客。这样，既可以欣赏秀丽的乡村景观，又可以品尝自产的特产品，还可以参加农耕收获等体验活动，从而提升生产者和消费者的共享体验价值。

基于"互联网+"进行线上线下整合，特产品销售商凭借自身累积的线下渠道、产品与服务等资源与线上形成互补，为产品生态、资源集成网络打好基础。采取"线下体验、线上销售"形式，从特产品生产的农场端向供应链上游延伸特产品的发展链条，打造集特产品购买、有机餐饮、产地旅游等于一体的产业链，实现"点状"特产品供给与"无限"市场需求的有效对接。借助互联网工具实施经营主体的自我提升，推动特产品产业向互联网渗透，实现电商化的转型升级，从而打造以特产品为核心的新型业态，推动新型发展模式的可持续发展。

"互联网+"环境下特产品供应链的盈利模式发生转变。区别于传统的以"产品销售"为核心的盈利模式，该商业模式是通过产品服务融合创造的价值溢价来实现持续盈利。围绕消费者对特产品的既定需要，将相关的生活性服务融入其中，实现生产者与消费者的共享体验，满足特产品消费者的多样化和高层次需求。拓展关联的生活性服务需求需要寻求更多的消费点与盈利点，进而借助增值性服务提升消费者的感知价值。从消费者体验视角打造与特产品关联的服务项目（生态旅游、亲子教育、研学旅游等），构建符合特产品消费者需求的消费场景，激发特产品消费者进行体验式消费，进而带动场景消费随着云计算、大数据等互联网技术在智慧型特产品业的广泛应用，特产品的储运、营销都实现了可视化与可溯化，大大增加了消费者对产品的信任程度。将产品的消费更为场景化，特产品消费者的管理更为数据化，进而持续推进特产品产业互联网化，促进"互联网+"环境下特产品行业的发展与创新。

场景化消费已经成为现代产品体验营销的重要发展趋势，是体验经济时代的重要特征。场景化营销是将各种体验元素整合起来的一种方式，要素中有空间、时间、人物、事件等。在很多情况下，如果没有特定的场景化协助体验活动，任凭优质化的产品卖点提炼得再到位，用户也很难认同你的创意营销方案，也很难对产品买账。随着越来越多的网红电商的兴起，从小红书到名人微博，商家大部分以高清组图的形式来展示自家的特产品，采用各种方式吸引人的眼球。而一些在网红电商里消费的顾客，并不是真的需要这件商品，而是在卖家精心设计的展示场景下，感觉只要使用了这些商品，就能过上和场景中的主人公一样的生活，营销与场景的密切配合发挥了极大的作用。此外，还需要将场景元素代入产品体验中，把场景转化为消费的空间。这不仅有助于打造本地的形象，而且会吸引更多的旅游者。

综合运用场景化要素的融合功效。依据由消费者、零售企业和供应商为核心要素的供应链创新机理，遵循全面性、分节点和成体系的原则，从消费者的消费需求、消费习惯和消费偏好出发，对商业情境进行多维度、立体化的配置，强化零售商的自主经营能力，促进消费者消费体验的良性循环，提高消费者与场景的黏性，提高持续购买的意愿，形成"新零售"（new retailing）供应链创新路径。

线上购物与线下体验相结合是"新零售"区别于传统零售与传统电商的特点之一，新零售模式充分利用了大数据、人工智能等先进技术手段实现产业链优化。但技术的更新、产业的升级都源于需求。在这条创新路径中，个人、企业以互联网为依托，通过运用大数据、人工智能等先进技术手段，对商品的生产、流通与销售过程进行升级改造，进而重塑业态结构与生态圈，并对线上服务、线下体验，以及现代物流进行深度融合。

一个地区若想通过体验营销打造品牌化的特产品及体验场景，就要具备"五好"（好的故事情节、好的味道、好的纪念品、好的情节、好的景观）融合的场景化体验元素。通过情景化模式发展起来的"新零售"，将市场重心从"以产品为中心"转变成"以用户体验为中心"，实现了特产品营销的创新转化，提升了共享体验价值的多元化水平。

二、融合创新过程

（一）产业融合机制

1. 产业链融合

随着"互联网+"环境下服务经济、体验经济等的迅速发展，线上线下整合的新业态呈现快速发展势头。消费者对特产品的消费理念正在发生转变，从"物质消费"更新或升级为"生活体验"，特产品供应链面临更为复杂的竞争环境，进一步驱动特产品供应链向生活性服务业延伸、跨界与融合。围绕核心产品生产加工所进行的产业融合有利于产业经济功能、社会功能、政治功能、文化功能和生态功能等多功能性的开发，通过产业结构优化，推动特产品开发朝着多功能方向转化，丰富特产品的开发内涵及创意形式，提升多元价值的实现水平。

供应链由提供实物产品向提供服务延伸，实现产品价值与服务价值等多元价值的同时呈现，推动了产业的转型升级。产业融合所引起的产业链的价值增值是特产品经营实体参与农村产业融合的动力所在。以特产品为核心的特产品供应链上的经营主体借助互联网拓展与特产品相关的业务，依托互联网拓展生活服务市场，现有的特产品市场逐步涌现出大量涉足生活性服务业的特产品电商企业，通过融合生活性服务向特产品产业链上、下游延伸，打造与特产品关联的多样化服务消费体验。

在特产品供应链逐渐延伸的过程中，衍生出多种新型服务和新型业态，为传统特产品市场注入了新的活力，拓宽了市场的空间范围，提升了原来以产品销售为主的市场绩效。特产品加工业依靠原料从事生产加工活动，同时需要服务业提供科技支持、仓储物流、终端零售、广告宣传和售后服务等支撑活动，才能逐渐由生产端向加工与服务端延伸，拓展产品的内涵及功能。无论是有形产品还是无形服务的交易，其交易过程都会产生交易费用，随着互联网的快速发展，特产品的电商平台的建立将使得这种交易费用大大降低。

特产品的经营主体大多具有分散经营的特点，使得加工企业需要与众多小型经营主体进行小批量、多批次的重复性交易，以获得足够数量的原料，这种方式增加了交易费用，并降低了获取原材料的效率。以合约、联合、并购等方式进行的产业融合，正在模糊化或消除产业界限，使得融合前分散于多个环节的经营活动集中进行，从而提高了产业发展的综合效率。在特产品加工企业融合创新过程中，集中创造其多元价值，使得加工企业面临的市场交易被内化为自身管理活动的方式，一方面能够降低相关市场交易活动频率，节约交易费用；另一方面能够降低交易过程中的资产专用性和不确定性，降低交易费用。因此，产业融合已成为特产品加工企业参与农村产业融合的动力之一，成为营造乡村空间的新型驱动力。

　　加工企业参与产业融合，有利于与经营主体、社区保持紧密联系，获得稳定的优质原材料，提升产业链的构建效率。同时，密切与乡村的社会关系，也有利于企业适销对路，为产品开拓更广泛的市场，构建城乡一体化的市场联系。产品融合的结果是形成融合型产品，但并未消除原有产品的独立性，而是一种替代关系或互补关系。将提供不同产品的经营主体联系起来，有利于企业融合和企业组织形式的演化。区别于同质化的产品竞争，供应链不再单纯依赖传统的特产品业务，而是逐步开始寻求与跨行业的企业合作，推进特产品产业链的延伸。在产业链延伸过程中，以价格为主要竞争手段的格局被打破，显现出跨界融合的生活性服务业快速发展的趋势，通过多重情景化的场景营造和主题活动，提升产品消费与体验服务的多元价值实现水平。服务差异化逐渐成为特产品供应链的新增值点，供应链成员开始注重消费者的服务需求，以多样化的生活性服务实现特产品增值，进而提升特产品供应链的竞争力。

　　新型产业园区助推了特产品开发的发展。从我国产业园发展的五个阶段来看，已经由生产要素阶段向产业主导阶段、创新突破阶段、财富凝聚阶段和生态文明阶段过渡，呈现出各种形态并存的发展格局。生态文明家园是产业园发展的最高形态，也是积极推动生态文明发展的战略基础。建设国家现代农业产业园，将为引领农业供给侧结构性改革搭建新平台，为培育农业农村经济发展新动能创造新经验，为探索农民持续增收机制开辟新途径，为推进农业现代化建设提供新载体。

2. 线上线下融合

　　特产品价值实现程度既受到资本、技术、储藏、流通等服务领域的影响，也是时代发展的现实需求。线上服务的每个环节的价值依赖性都很强，使得特产品加工产业链具有内涵更广的范围经济特征。范围经济是指，当同时生产两种产品（或同时从事两个环节生产活动）的成本低于分别生产每种产品（或分别独立从事每个环节生产活动）的成本总和时的经济性状态。由于一个地区集中了某项产业所需的人力、相关服务业、原材料和半成品供给、销售等环节供应者，从而使这一地区拥有比其他地区更大的优势。企业通过扩大经营范围增加产品的种类，生产两种以上的产品而引起的单位成本的降低。与规模经济不同，它通常是企业或生产单位从生产或提供某种系列产品（与大量生产同一产品不同）的单位成本中获得节省，而这种节约来自分销、研究与开发和服务中心（如财会、公关）等部门。

　　范围经济是研究经济组织的生产或经营范围与经济效益关系的一个基本范畴。影响范围经济的因素主要包括要素投入、管理能力、内部市场、降低经营风险等。要素投入方面，特产品是加工业的主要投入要素，其质量和供给方式影响加工环节的价值。同时，加工品依靠流通、零售等服务实现其价值。若加工企业参与产业融合，涉足农业及服务行业，则能够以较低成本获得原料和服务。在管理能力方面，特产品加工企业为及时满足市场需求，需要产业链及时供给原料和服务业提供高效仓储、物流等服务。若特产品加工企业参与到其他产业部门间的融合，则能够增强其在产业价值链中的管理协调能力，增强其抵抗风险的能力。加工企业的价值占有能力受到下游渠道商、物流服务商、零售商等的挤压，增加了经营风险。

特产品的电商依据平台定位、用户需求等匹配特产品提供者、生活性服务提供者，快速组建相应的供应链。新型电商基于"互联网+"实现供应链成员间的开放性协作，促进客户、渠道、品牌等资源的共享，形成互动、共赢的供应链关系结构，为构建资源集成网络创造条件。特产品的协同供应链成员持续输出产品资源与服务资源，借助"互联网+"整合多渠道资源，以打造平台生态与集成网络，注重体验场景与互动形式的塑造，推出与特产品有关的美食菜谱、养生套餐、社群、本地化烹饪与产地体验等项目，构成了电商与食农教育等形式的联动模式。借助更广泛的社交平台，连接微信、微博等社交媒体，拓宽网络辐射范围，有助于特产品的消费者快捷了解、获取产品与服务资源，拓展产品的对外影响力。

以特产品为主的食农教育已经成为研学旅游、亲子教育的重要体验活动内容。这种以生态农场为载体的发展模式，将特产品生产及加工等体验活动融为一体，增强了与消费者之间的互动，使得丰富多彩的食农教育成为重要的研学教育活动的重要组成部分。食农教育是一种体验教育的过程，它是透过学习者与农业及食物的生产者互动，认识当地农业的生产方式、作物生长等知识，从中学到正确选择食物种植、食物加工的方式，品尝当地美食的过程。日本的《食育基本法》强调，在饮食环境的变化下，培养国民的饮食观点，使其能实践健全的饮食生活，促进都市与乡村的交流与共生，建构食物生产者与消费者间的信赖关系，活化地方社会，承继并发扬丰富的饮食文化，推动对环境友善的生产及消费关系，提升粮食自给率。从食农教育的本质来看，食农教育秉承着生活就是教育、教育就是生活的理念，致力于分享田园生活，让远离自然的都市居民，尤其是让孩子接触到农业及农村生态环境，了解到特产食物的来源，体验乡间生活，学习乡土手艺，感受大自然的美好，珍视环境与资源的可贵，让人们在田野中的食农活动中获得休闲和康养。

特产品作为一类特殊的产品，具有易腐性、时鲜性、高损耗和区域性等特征，而与特产品关联的生活性服务则具有互动性、体验性等特征，特产品与生活性服务的融合在响应时间、感知质量、服务过程、供应链成员协同性等方面都提出了更高的要求。传统的特产品供应链往往存在信息不对称、供需不匹配等问题，生产经营者与消费者之间的信息沟通不畅，一定程度上给特产品与生活性服务的有效融合带来了阻碍。随着互联网技术的发展，尤其是"互联网+"行动计划、"互联网+现代农业""互联网+三农"的创新发展，融合的效率在快速地提升，融合的形式也更加丰富多彩。线上线下的融合，一方面为特产品与生活性服务的融合提供了契机，促进了特产品及服务需求与供给的对接与匹配；另一方面为我国特产品行业的发展指明了方向，推动了特产品产业链发展模式朝着新型业态方向转变，实现了产业新旧动能的转换。

（二）产品创新绩效

1. 创新绩效

评价指标体系是评价创新实施绩效的重要工具。通常用"新产品开发速度""年新产品数量""产品创新成功率""产品申请专利数""新产品产值率"衡量，考虑到特产品技术创新的特征，可以将"特产品创新速度""产品投资回收期""特产品创新成功率""特产品投资收益"作为特产品技术创新绩效衡量指标。建立适合企业的技术创新绩效评价指标体系，并进行评估与分析，对于进一步提升企业的技术创新能力具有重要价值。

创新对特产品产业经营组织形式的要求比较规范，尤其是合作社与经营主体之间的"规范"与"合作"，对特产品创新绩效的影响较大。从产业发展过程来看，优质产品的创新业绩必然是由优质的特产品创新过程来保证的，产品创新绩效评价应该以对产品创新过程的绩效进行评价作为补充，以反映经营主体长期发展的潜能和潜在的创新绩效。创新过程中需要的技术、知识、资源可能分散于组织的每个部门、团体甚至不同的个人，这是建立在一定规范基础上的合作，是促进创新知识在特产品创新组织间有效转移的保证。经营主体与特产品创新组织的规范、合作可以提供市场变化的第一手信息，为特产品创新提供信息指导，使创新的特产品符合市场需求。这种规范与合作可以有效规范成员的行为，从而提高特产品创新成功率，进而提高特产品发展的创新水平。随着市场变化速度加快，创新主体在进行创新之前，要按照客户的大致需求设计出产品的原始样品，再根据客户的需求进行创新。

2. 创新合作

虽然特产品加工业取得了较好的创新成果，但是其知识网络构建并不理想，必须采取措施引导和优化特产品加工知识网络，以进一步提高特产品加工业的创新产出。经营主体与特产品经营组织的规范、有效合作可以将更多实用有效的技术应用于生产之中，生产过程高效的标志化特征成为品质的重要保障，尤其是过程型休闲空间的建立，拓展了特产品发展共享体验的空间内涵。规范与合作可以有效调整创新主体之间的行为，避免经营主体的个别成员因私利行为降低整体的合作水平,增加与消费者的互动联系,从而提高特产品创新成功率,进而提高特产品发展的创新水平。

信任度是建立各种经营主体之间稳固关系的重要基础,信任度可以使客户在参与过程中保持较高的意愿度,成为合作关系稳固发展的重要基础。充分向专业合作社表达自己对产品的需求,促使专业合作社不断完善创新产品,提高创新特产品经营的开发速度、投资收益等创新绩效。信息转化和知识转化对技术创新影响较大,体现了区域社会资本融合的深度,特产品加工所需的技术体现了所需的社会资本的投入走向。

利用"试验—示范—产业生产—商品—市场"模式推动技术的扩散,促进经济发展。特产品加工企业和相关科研院所建立内部创新知识网络时,积极与外部机构合作形成外部的创新知识网络,吸收外部知识资源,能够借助外部力量增强创新知识的转化能力,提高以特产品为核心载体的知识型创新水平。

从显性知识与隐性知识的转化来看,以散户形式出现的农民经营主体所具有的知识共享行为越充分,其专业化的技术创新能力越强;经营主体从外部获取的创新知识越多,特产品生产的专业技术创新能力越强。资本对于知识获取及技能掌握具有较好的推动作用,良好的区域社会资本有助于经营主体获取和组合创新资源,从而提高产业创新的效率,使得特产业发展呈现可持续的发展态势。区域社会资本所承载的特产品生产及品牌化的无形资源,能够获取其创新所需的社会网络、社会信任、社会认同和规范。在协作互惠的社会关系中,经营主体之间共同拥有的规范和个体在社团的角色使成员具有集体主义意识,以个人利益服从集体利益,就会产生对集体的认同和归属感,引导成员间积极交流,实现组织和个人的双赢。在专业知识获取、共享和知识扩散过程中,加快专业技术创新速度,提高特产品创新成功率和产品创新绩效,实现农民增产增收。当地特产品开发与营销和商业生态系统密不可分,建立相对稳定的商业生态系统(business ecosystem),可以借助各种相互作用的力量,对分散的经营主体进行组织,并形成以个体为基础的经济群落。

第二节　特产品开发创新过程

一、产业融合动能

(一) 产业融合动力

1. 结构调整产生的动能

产业融合来自市场需求与供给侧结构性平衡的被打破，融合机制主要从市场融合、产品融合、市场拓展、内部市场化的角度分析。产业融合的目标就是产业升级，是产业由低技术水平、低附加价值状态向高新技术水平、高附加价值状态演变的过程。产业升级对产业发展和经济增长具有最直接、最重要的影响，尤其能够对产业结构的变化产生重要的影响，产业结构的演变是产业系统演化的重要组成部分。

加工业是提升特产品附加值的关键，也是构建农业产业链的核心。要统筹发展农产品初加工、精深加工和综合利用加工，推进农产品多元化开发、多层次利用、多环节增值。"互联网+"是乡村产业发展的重要路径。乡村特产业开发应充分利用好"互联网+"这一技术优势，与乡村环境、农业特产、传统文创等紧密结合，通过产业创新发展理念提升传统农村电商的品质，跨越时空限制，开创特产业发展的新领域，推动产业之间的动能转化，使之成为社会经济发展的新型驱动力。在现有的科技融合及产业动力作用下，产品融合动力机制一般是以需求的拉引型为主，即市场需求—构思—研究开发—生产—投入市场。特产品融合源于市场更广泛的品质化需求，源于市场对企业的精深加工技术需求，也就是产品融合要以市场需求为出发点，明确产品技术的研究方向，创造出适合这一需求的适销产品，使市场需求得以满足。从根本上说，产品融合的动力是技术推进和需求拉引共同作用的结果，这是一个过程性概念，是在技术融合基础上，以企业融合为主体、产品融合为客体、制度融合为保障，最终打造融合型产品的市场化过程。而且，这是一个循环往复的发展过程，每一次融合创新的实现都是下一次融合的基础，都是循环过程中的一个节点。在新技术及新需求推动下，还会开始新一轮的融合，推动特产开发呈现新的业态及发展模式，如通过互联网、物联网、区块链、人工智能、5G、生物技术等新一代信息技术与特产业融合，发展数字特产业、智慧特产业、信任特产业、认养特产业、可视特产业等新型业态，推动特产业发展新模式的形成，成为社会转换及产业转化的新动能。

2. 创新产生的动能

协同创新是创新要素充分共享与深度协作的过程，是特产业融合发展的内在要求和重要动力，始终伴随着产业融合的全过程。以需求融合为基础和导向，以经营主体为代表的创新主体，通过技术、战略、文化、组织、制度、市场等充分共享与深度协作，从而实现技术融合、产品融合、组织融合、市场融合，直至形成新型业态过程中的研发新技术、开发新产品、建立新制度、开拓新市场、建设新品牌等创新活动，拓展的不仅仅是市场范围和业态内涵，更重要的是在某种程度上改变了社会结构，新的社会经济发展实体不断涌现，推动了社会系统朝着新的目标挺进。特产业的协同创新是一个复杂的过程，除了强调经营主体等创新主体之间在技术、战略、文化、组织、制度、市场等创新要素方面的互惠互利、相互依赖促进、充分激活与深度合作，还有社会体制、文化传统、生态环境的协调配合，这样才能使得追求创新要素之间非线性整合形成新的协同效应。单纯看产业协同创新、内部协同创新、管理协同创新、研究协同创新与区域协同创新，只能是脱离社会生态环境的纯粹创新改变，并不能真正改变产业运营中的体制约束，进而使得所有的创新活动只是在原地的"内卷化效应"（involution effect），要采取推动创新的方式，防止农民自组织文化"内卷化"。农民自组织"内卷化"危机包括农民自组织文化"内卷化"、农民自组织制度"内卷化"与农民自组织绩效"内卷化"三个方面。

"内卷化"就是在农民自组织发展过程中，在没有外部力量的作用下，不能从低级阶段走向高级阶段的现象，其本质就是内部动力难以推动发展的升级。从特产的经济可量化指标来看，特产业的"内卷化"体现的是投入与产出或者产值增量之间的非线性关系，即当投入的增加持续一定阶段后，即使总产出可能会有所增加，却无法获得效益增加；相反，边际效益却递减，直至为零，形成了所谓"没有发展的增长"。当地的农民自组织结构没能突破传统的乡村宗族组织以及基层行政组织的官僚制模式，社会组织结构未实现扁平化发展，各种组织运作也未能实现自治化。这也进一步说明，特产品产业只有在多学科、多技术、多产业外部因素的综合作用下，才能实现跨行业、跨领域、跨社会的创新发展。如果仅仅停留在表面的重复行为，其创新是难以改变整个产业发展态势的，也仅仅是一个产业链不断修复完善的过程，无法实现真正意义上的创新。只有经过不断向外扩张的产业链构建过程，将不同产业发展阶段固化为特定的圈层结构时，实现圈层式的跃迁升级，才能最终实现产业的融合创新发展，提升本地产业对区域的发展贡献度。在不同圈层相对"固化"的过程中，政府、企业、大学和科研机构、用户、中介机构这些创新主体之间存在着多重身份性，在特殊的条件下，可以实现一定程度的转换。政府作为第一推动力，意味着其要进行协同创新进程的干预，不仅包括总体宏观上的规划，而且包括微观主体上的引导。这种干预主要表现在：政府规划作用、政策引导作用、协调机制作用及政府采购作用，企业、大学和科研机构间的协同是关键。企业是技术创新的主体，大学和科研机构是知识创新的主体。明确各创新主体的资源贡献、政策支持和任务担当，建立有效的协同创新机制，能促进产业、学科间的交叉融合发展，全面提升特产品产业的自主创新能力，并取得重大的经济效益和社会效益。

协同创新的未来仍需要从市场入手，关注成果转化的经济效益所带来的激励作用，处理好各创新主体之间的利益分配，共同培育创新创业的社会氛围。根据市场信息的反馈，调整各种主体之间的关系，选择生产者与消费者都接受的营销模式，为消费者提供充分满足其需求的特产品和体验服务，实现生产者与消费者的共享价值。新型市场运作离不开现代中介机构的帮助，中介机构发挥其联通生产端与消费端的纽带作用，推动融合创新产业链的构建与延长，才能促进已有的产业形态实现跃迁升级。中介机构的协同作用主要表现在：服务功能、传播功能及沟通功能。在产业链构建的跃迁升级过程中，既要重视政府在协同创新中的主导作用，也要注重企业、大学和科研机构之间的有效协同，尤其是注重社会团体参与机制的建立，促进新型的社会资源与创意文化资源整合，调整自然资源与产业资源、社会资源及文化资源之间的和谐度，创造特产品开发的科研环境与创新环境，把握消费者对特产品品质及新型功能的需求，推动特产业成为乡村振兴的新型动能转换器。

（二）产业融合形式

1. 专业化和综合化的整合

开发特色化和多样化的新型特产品，提升乡村特产业的综合价值，促进特产业多环节增效、经营主体多渠道增收，使之成为乡村振兴的支柱产业。由于产业融合的形式、层次、进程、深度不同，具有多路径、立体化、多层次、多角度、多主体、全方位的整合特征，其融合形式也会千差万别。但只要抓住融合创新的本质，理清物质生产与营销都具有多重属性和多重功能的特点，就会推动融合创新从生产性朝着服务性及体验性的方向发展，使得生产者与消费者能够在不同的场景之中实现互动而获得更加密切的交往与合作。

融合创新离不开产业载体和空间载体。从整个产品融合的主要链条来看，实现了以资源为基础、市场为导向、创新为切入点进行特产品的全方位对接融合，形成了以全域化旅游为方向、以改革创新为动力、以融合发展为抓手、进而扎实推进复合型产品开发。在整个融合过程中，特产品既是体验场景的"道具"，又是融合的重要"媒介物"，也是经营主体的"终极产品"，更是消费者追求的"多元价值"目标。这种复合型产品既有物质性的消费，又有空间生产加工过程的体验，生产与消费空间的宜居宜游，创造了新型的田园景观。从空间载体的创新形式来看，就是要塑造以特产品为主要道具的场景体验。由于经济理性、生态理性、社会理性及文化理性等指向性的追求目标存在一定的差异，场景的构成及其"剧情"也会有一定的差异，形成了不同地域间的个性差异，这也使得旅游者的体验层次及体验价值的获得有所不同。在这种场景的剧情演化中，特产品及其组合一旦与产业融合、渗透、交叉进程相结合，就会逐渐形成不同时段多个产业融合的发展路径，形成不同品牌的特产品。

2. 产业与市场的融合

产品融合和市场融合需要一定时间的积淀，企业融合只是"半成品"，产业融合是整个融合过程的"产成品"。经营主体、专业合作社、旅游经营者等实现组织形式的多元化，扩大了产业经营主体的社会关系圈，吸收广泛的外部力量进入创新网络之中。引导经营业户、家庭农场建设一批家庭工场、手工作坊、乡村车间，用标准化技术改造提升豆制品、民族特色奶制品、腊肉腊肠、火腿、剪纸、刺绣、蜡染、编织、制陶等乡土特产品的生产制作水平。

抓住产业与空间特色，构建产业与空间整合的综合体。在辽宁沿海一带，由水稻、水果、水产构成的"三水"产业发展，从产业链到空间生产，形成了功能相对完善的综合体。它们将生活品牌、景观品牌、产业品牌及文化品牌整合在一起，推动了产业过程型体验空间的营造，提升了产业空间对共享体验价值的贡献度。特产品及其生产过程为新型景观营造的主要驱动力，推动了其他要素的整合，形成了一系列的融合创新产品，丰富了"产业—产品—环境"之间耦合联动的形式。

二、产业融合环境

（一）融合环境要素

1. 自然要素的融合

特产品生长离不开众多环境要素，其所处的地理区域、加工过程中使用的工艺、所具有的历史意义以及实际使用过程中所具有的价值等都非常类似，也就是说，特产品的综合环境要素就是土地，以土地为基础的土肥水气等自然与人力和科技等的混合要素都是特产品的环境要素。除了土地、资本和劳动力三种基本要素的参与之外，特产品的生产要素投入还包括市场环境涉及的空间要素参与。土地要素是参与特产品生产过程的主要内容，也是其生产的重要空间资本，在资产专用性领域包括土地要素的自然属性、历史惯性和法律制度。空间土地要素的自然属性源于培植特产品的土地具有自然禀赋特色，或者说土地的天然土壤特性确立了其专用的特产品生产范畴。这一立足土地自然垄断而获得特产品垄断利益的分享机制,具有利益的可预见性和传递性,从而有助于特产品利益分享的持久稳定。

2. 人文要素的融合

土地要素的历史惯性在于土地资源种植特产品过程中受到当地积淀下来的风俗传统等制约,从而形成了对土地资源投入产出效率的制约。劳动力要素参与特产品的生产过程,在资产专用性方面主要表现为农民群体农业生产技能和经营管理领域的专业培训,以及这一群体从事特产品生产的劳动投入。在市场经济的开放竞争体系下,劳动力要素投入特产品生产的机会成本不断提升,导致大量农村劳动力进行人力资源专用性投资的正面激励弱化,从而破坏了劳动力原有的专用性特征,造成了农村劳动力单位生产效率的相对下降。资本要素参与特产品的生产过程,在资产专用性方面表现为提高特产品生产效率而投入的各种专用设施,为特产品规模化与专业化生产而投入的各种专用资本。资本要素由于其对利润追求的内在要求和流动性特征,决定这种专用性投资以能够获得与投资其他经济领域基本相等的报酬率这一经济规律为前提。这就意味着资本要素沉淀到特产品生产中的各种专用性投资,会充分考虑到特产品生产特有的市场风险。空间要素参与特产品的生产过程,在资产专用性方面表现为空间资源是特产品"惊险一跳"而实现商品化的重要因素,空间位置确立了特产品生产所具有的市场激励。特产品由于自身独特的自然属性,其转化为商品的过程必然涉及空间位移,即由乡村空间位移到城镇空间。

环境要素中自然要素(土壤、气候、水文、动植物等)和人文要素(经济、社会、文化、政治等)的相互搭配不一致,就会形成以某种要素占主导优势的态势,形成对特产品生长极为有利的环境。

(二) 环境要素整合

1. 要素的产业整合

特产品的环境要素既包括气候、地貌、生物、河湖等自然要素,也包括乡村聚落、田园、沟渠、道路、产业生产方式及历史文化传统等人文要素。在要素整合过程中,除了特产品的光照、温度、湿度等自然生产要素整合外,还表现在知识与专业技能、产业发展水平、经营管理中的利益整合以及消费群体等方面的整合上。在整合过程中,经营实体通过向消费者展示生产流程中的技术知识与专业技能,展示生产流程的各环节以及在每个环节上的产品质量,使消费者理解产品内部的技术细节,熟悉本企业产品,从而提升消费者的满意度与忠诚度。经营实体基于先进技术的专业服务,通过预测和纠正产品的潜在问题或减少反应时间来改善产品性能,通过介绍相关知识和培训整合产品与服务,帮助消费者尽快地熟悉特产品的使用方法,还可以通过赋予特产品以超过其本身基本功能的附加功能来为消费者提供服务等。在特产业发展过程中,利益整合能够及时地反映社会利益群体的多元化利益诉求,使得相关要素整合,从关注自然要素转向关注消费文化心理及现代经营管理方面。

2. 要素的利益整合

在利益整合过程中,各种要素都要纳入行动者网络之中,也就是并入行动者网络的转译过程中。这种网络化的转译过程是将各种要素视为自然经济、社会文化发展的资源和网络节点,对社会资本进行组合,并创造出一种网络化的新生事物,使得网络化以后各种资源自身的价值得到增值。随着社会经济形态的快速发展,这种网络化的行动者利益关系也会不断地从统合走向分解,并重新建立整合关系,利益平均化的态势被逐步打破,利益主体呈多元化趋势。在利益整合过程中,经营主体作为生产者和土地资源使用权的拥有者,应直接与城镇消费者签订特产品供需弹性制合约,消除信息失真和产业链条过长导致的各种资产专用性投入失误。利益整合要考虑到市场对产业链的整合作用,通过对特产品产业链条进行分解,遵循所有要素投资回报都能满足社会平均利润的内在要求,以产业化生产方式主导整个特产品生产,提高特产品的专业化水平,提升经济效益。特产品的生产在空间是高度分散的,是由分散供应替代集中供应的专属合约,其主要特征在于以合理的空间范畴进行各种特产品的市场化配置,通过合理空间范畴让出部分物流利润进入经营主体和消费群体中,从而形成经营主体的生产激励,提升消费者社会剩余。

按照《数字农业农村发展规划(2019—2025年)》,全面实施数字乡村战略,大力发展数字农业,是建设智慧型乡村的基本保障。在推动特产品生产环境的整合过程中,注重数字乡村建设,使得特产业能够促进城乡生产、生活、生态空间的数字化、网络化、智能化发展,并成为乡村振兴战略实施过程中的支柱产业。

第三节 特产品开发的经济优势

一、产业的社会文化优势

(一)"一村一品"运动的内涵

从其发展内涵来看,"一村一品"主要是指以村为基础,在一定区域范围内,通过大力发展有特色、价值高、影响力大的拳头产品,推进规模化、标准化、市场化、品牌化建设,使一个村(或几个村)以及更大的区域范围,拥有一个(或几个)市场潜力大、区域特色明显、附加值高的主导产品或产业,从而大幅度地提升农村经济整体实力和综合竞争力的经济发展模式。作为农业农村经济的一种重要模式和组织方式,"一村一品"在发展乡村特产业、促进农民致富增收、培育壮大县域经济等方面,发挥了独特而重要的作用。借鉴日本发展"一村一品"的成功经验,我国"一村一品"运动得到了快速推进,促进了乡村产业兴旺、农村人才集聚、农业绿色发展,为乡村振兴奠定了重要基础。

以特产品为主体的产业提质增效及空间优质化营造,提升了乡村振兴战略的实施水平。按照列斐伏尔的"空间的生产"理论,空间本质上是"社会的生产",空间生产是乡村振兴战略目标实现的重要依托。实施乡村振兴战略是决胜全面建成小康社会、全面建设社会主义现代化国家的重大历史任务。在产业振兴中,要发展优势特色产品,保障特产品有效供给和质量安全,培育提升特产品品牌,推动农业对外开放,实现农业提质增效和转型升级。着重围绕发展壮大农村集体经济、培育新型农业经营主体、促进农业转型升级,不断提高农业科技水平、严格保护耕地、保障粮食等主要特产品供给、改善乡村生态和人居环境、提高乡村文明程度和思想道德建设水平、传承和发展中华优秀传统文化、建立健全乡村社会治理体系、加强基层组织建设等方面,做出了相应规定。

要成为"一村一品"特色产业强村,专业村的申报必须具备四个方面的条件。一是具有主导产业突出的特点,也就是专业村主导产业收入占全村农业经济总收入60%以上,从事主导产业的经营业户占总数50%以上,贫困地区可分别放宽到40%和30%以上;专业镇主导产业收入占全镇农业经济总收入30%以上,从事主导产业的经营业户占总数30%以上,贫困地区可放宽到20%以上。二是实现绿色发展农产品产地环境符合生产质量安全的农产品的要求。对获得农产品地理标志登记保护、中国地理标志证明商标或国家地理标志保护产品认证的专业村镇优先考虑。三是联农带农效果好的专业村、专业镇农民人均可支配收入分别高于所在镇、所在县市农民人均可支配收入10%以上,贫困地区可放宽到5%以上。四是组织化程度高的专业村镇成立农民合作社,入社经营业户数占专业村、专业镇从业经营业户数比重分别为40%和30%以上,贫困地区可分别放宽到30%和20%以上,并与专业批发市场有效对接,或与龙头企业建立产业化联合体。

按照《特色农产品优势区建设规划纲要》,以特色粮经作物、特色园艺产品、特色畜产品、特色水产品、林特产品五大类产品的特优区建设,为重要特产业发展的空间基础。按照《特色农产品优势区建设规划纲要》,各地要明确特优区创建条件,符合认定标准的,直接制定认定标准,定期组织申报和开展认定工作,推动特优区创建工作的全面展开。特优区认定专家委员会对申报材料进行评估,认定为国家级特优区,给予"中国特色农产品优势区"称号并授牌,区域内经评估授权的经营主体生产的指定特色农产品可以使用该称号,对进一步做强产业、塑强品牌、提升国际影响力予以支持,提升农特产品的可持续发展水平。

以特产品为核心的产业发展涉及众多的发展领域,要顺应区域的经济社会发展规律,以满足市场需求为导向,以乡村资源、产业基础、人文历史等优势为依托,因地制宜地选择适合本地的经营方式。无论是特产品品种、种养方式还是营销方式,要防止盲目跟风,避免形成"千人一面"的产业格局。积极推进产业经营方式的转变,要大力提倡现代服务业进入特产业领域之中。"现代特色农业、农业生产性服务业、农村生活性服务业、乡村传统特色产业、农产品加工业、休闲农业和乡村旅游、乡村建筑业、乡村环保产业、乡村文化产业"等九类乡村产业,将成为乡村产业发展的重点领域。从这些类型的乡村来看,大都与特产品开发有直接关联或间接关联,成为特产品开发的重要空间依托。

正是由于我国的地域特征,培育了许多具有地域特色的传统产业,如竹编、蜡染、剪纸、木雕、石刻、银饰、服饰等传统的手工业,再比如卤制品、酱制品、豆制品及腊肉腊肠、火腿等传统的食品加工业,这些传统土特产品,地域特色浓厚,承载着历史的记忆,传承着民族的文化,有独特的地域品牌价值。因此,要把这些产品很好地保护传承和开发利用,通过发展"一村一品"的策略,充分发挥当地特产品的品牌效应,调动乡村内生发展动力的积极性,提升"乡土制造"的魅力和效益,这不但能够满足人们日益多样化、特色化的市场需求,培育形成地方的乡村土特产业,而且能够保护传统技艺、传承民族文化,发展"一村一品"就是要遵从科学规律,以市场需求为导向,发挥资源和区域优势,坚持产业富村、科技兴村、企业带村、生态建村、人才强村,着力培育主导产业和产品,优化发展环境,完善发展机制,提高发展质量,拓展发展空间,促进"一村一品"向纵深领域发展。从实践看,发展"一村一品"的一条重要路径是要发挥"特"的优势、提升"品"的质量、完善"品"的内涵,使产品的经济、文化、服务、消费等功能有机地融为一体,不断延伸内涵、拓展外延。延伸内涵即围绕主导产品,发展融特产品原料生产、加工、销售于一体的完整产业链。拓展外延即突破"一村"局限,发展"一镇一品""一县(区)一品",甚至"一省一品",建设块状经济和产业集群,瞄准国内和国际市场,以特产品名牌为核心打造区域形象。

农业产业化品牌成功的重要一点就是品牌所带来的超级体验,超级体验不但能够给消费者带来消费价值,甚至能够给非消费者带来消费体验,在创造超级体验活动及场景的过程中,离不开当地人的参与,离不开特产品的"道具"作用,因此,基于品质的特产品品牌化,要达到终极品位的目标,品牌化的体验营销已经成为一种重要的现代营销手段,提升了生产者和消费者的共享体验价值。

品牌化的最高层级是地理标志品牌,其更大意义则是成为优质的地域化旅游产品,并进一步延伸为自然与文化相融合的优秀文创产品。对于"一村一品",不能盲目跟风,而是要结合地域的自身实际和市场需求变化的特征,科学合理地分析研判,扬长避短,切忌照搬照抄甚至生搬硬套。对于"一村一品"不能理解为必须有自己的特色、特点,如果有符合自身条件的成功经验可以复制借鉴,一定要在市场需求和自身条件允许的范围内发展,从而在一定时期内形成一种良性的竞争关系,在精准定位"一村一品"的同时,要以市场需求为导向,跟着市场走,眼光要长远,既要看清楚现在的市场行情,更要准确分析好未来的市场走向,以发展的眼光打造"一村一品",在信息高度发达和便捷的时代,建立广泛的信息渠道,杜绝"信息不对称"的问题发生,让市场成为精准定位,以及打造"一村一品"的最好标杆。

"一村一品"的格局不是一成不变的,是随着第一、二、三产业融合发展而呈现的新的业态形式。通过产业融合与科技投入实现产品的更新换代,以科技发展来催生符合市场需求的新产品。如果一个地方"一村一品"的相关产品已经或将要被市场所淘汰,新的产品又极具竞争力,那么就意味着重新定位和选择"一村一品"是刻不容缓的问题。如果通过市场竞争能实现产品的优胜劣汰,那么及时提升品质,甚至更换品种,就成为必然的选择。在我国,由于地理环境、历史人文的不同,几乎每一地域都有蜚声中外的区域特产品,例如,烟台苹果、西湖龙井、阳澄湖大闸蟹等,但并非所有的产品都会面临着短时间内被淘汰的境地,而是需要在已有基础上强化品牌的效应。但是,还有很多地区的名优特产品并没有发挥出应有的品牌效应,还处于"有名无牌"的阶段——知名度高但品牌化程度低,并且鱼目混珠、真假难辨,市场较为混乱。

"一村一品"打造的是产业经营体系,大力培育专业大户、家庭农场、专业合作社、公司等新型产业经营主体,逐步形成以家庭承包经营为基础,专业大户、家庭农场、专业合作社、产业化龙头企业为骨干,其他组织形式为补充的新型特产业经营体系。充分发挥龙头企业的示范带头作用,在管理运营、品牌树立、科技投入、市场开发、销售盈利等方面,辐射带动周边群众发展,采用以大带小、以强带弱、以精带细的发展模式,最终实现共同进步、共同发展、共同富裕。大力发展以特产品为核心的微经济,鼓励"副业创新",鼓励基于互联网平台发展微创新、微应用、微产品等大众创业、万众创新方式,广泛开辟新收入机会,激发特产品开发的多元创造。

采用高科技融入特产业开发的方式,建设智慧型产业发展格局。依托特产资源的地理空间优势,选择主导产业,建设一批"小而精、特而美"的"一村一品"示范村镇,形成一村带数村、多村连成片的发展格局。充分发挥智慧型营销平台的优势,通过电商、自媒体等积极营销,并多管齐下,提升特产品主导的数字经济发展效率。引导和鼓励企业加大技改投入,推动生产线更新换代,淘汰落后产能,引进国内外先进高端装备,提高装备集成化、自动化水平。大力支持智能化工厂建设，深化人工智能、5G、工业互联网等新一代信息技术与特产品精深加工业融合发展。各地要通过编制年度重点特产品精深加工项目清单，重点支持一批特产品精深加工技术改造提升项目。加强高科技产业项目的储备，谋划择优吸纳一批示范性强、效益好的高质量项目入库，实行动态管理、滚动储备，提升产业发展后劲。

（二）产品品牌化的模式

1. "一村一品"是品牌化的重要基础

品牌化是乡村振兴较为普遍的发展模式。依托"一村一品"的发展战略，推动特产品发展呈现精品化、品牌化、科技化的发展势头，促进当地经营实体可持续地增收致富。目前，"一村一品"的空间分布均表现出明显的差异性，主要表现在北部多南部少、东部多西部少，农业产业村镇最多、林牧渔等产业村镇较少。从集聚程度来看，"一村一品"呈凝聚型分布态势，且空间显著集聚，地理重心具有Z字形和一字形的迁移轨迹特征，空间格局与全国主体功能区农业战略格局高度吻合。

我国"一村一品"的地理空间特征显著，空间格局较为复杂。乡村人口、农林牧渔业增加值、耕地面积、粮食产量、水果产量和水产品总产量等为"一村一品"空间分异特征的核心影响因素，而且与新型城镇化保持较高的协调发展势头，推动乡村就地城镇化，产业推动城镇化的良性发展。积极培育特产业的加工链条，丰富产业链条之间的联系方式，促进节点上行动主体的动能转化，使得乡村的经营实体向中心镇（乡）和物流节点聚集，建设涵盖城乡范围的产业经济网络。在产业强镇、商贸集镇和物流节点布局劳动密集型加工业，促进特产品就地增值，带动经营业户就近就业，促进产镇融合。经营主体向重点专业村聚集，依托工贸村、"一村一品"示范村发展小众类的特产品初加工，促进产村融合。准确把握市场信息，才能在消费结构升级的大背景下，适应快速变化的产销大格局，从而激发特产业活力，促进乡村振兴。目前，我国特产品流通仍存在一定的弊病，生产与营销的信息不对称，使得特产品价格容易坐"过山车"。互联网大数据诞生以来，对特产品的产销对接、产需对称、信息对称起到重要的推动作用。采用大数据来指导特产品的生产，实现更加精准的生产投入与经营管理，引领市场消费群体进入实现共享体验，确保产业链有序拓展，能够形成稳定的供需平衡、供需对接和价格稳定的发展态势。不同于工业消费品，特产品具有明显的鲜活性。因此，在实现"从田头到餐桌"的过程中，为了保证产品本身的质量，行业冷链建设是重中之重。不同种类特产品对冷链运输的具体要求不同，使得专业化运输成为新型基础设施建设的重要组成部分。在我国的果蔬流通过程中，超过

15%的果蔬类食品在流通环节中腐败破损，全年的损耗价值超过 500 亿元，造成了巨大的损失。当前，我国特产品供应链模式主要以批发市场为核心，流通环节层级较多，导致果蔬产品在流入、流出批发市场时，经常出现常温运输、拆零散卖的现象，从而导致冷链的"断链"。

2. 龙头企业的带动作用

目前形成了以批发市场为核心的产业链结构，电商的兴起引领农超对接模式提速渗透，加快了特产品流通体系的优化进程。大型超市、特产品电商、特产超市、便利店等多种零售业态将给特产品供应链整合带来更大的盈利空间，物流管理和冷链布局将成为特产品成本优化、产品质量控制、产品品牌建设等环节最重要的影响因素。物流企业将在特产供应链中发挥更大的市场职能，在渠道优化、市场营销、品牌建设等多个非传统物流环节中掌握更多的话语权，提升产业链的构建水平。产业链的需求端控制着特产品的标准，物流端掌握着交付体验，利用接触客户的优势来建立非生产端的品牌形象或将成为未来特产品牌的一条可行路径，使得产业链的建设完全依托于市场需求来进行。由于我国特产品的市场化程度时间较短，产业链上的营销配套设施还处于上升的发展阶段，与之相关的冷链物流质量和效率都无法满足未来的市场需求。

我国流通模式的情况更为复杂多样，既出现了多级批发市场的流通体系，也出现了与超市直接对接的发展模式。很多地标特产品都附带了当地的文化、历史价值，由于其产地、空间、质量等界定的严格性，地理标志特产品往往会具有一定的稀缺性。近 10 余年，我国特产品地标认证数增长近 20 倍，成为产业链供给侧结构性改革不可忽视的力量。

按照我国《生态农产品（生态食材）团体标准 2019（修订）版》，生态食材是指粮油、果蔬、水产、畜禽等食材在生产和加工中考虑生态承载力和可持续利用能力，遵循生态学、生态经济学原理，以中医农业、生态保育、耕育田园理念及合理利用生态资源为基础生产的无污染、可循环的优质产品。生态食材产品质量符合有机产品质量标准。生态食材产业链包括生态肥料、生态农产品（生态食材）、生态食材加工食品（饮品）、生态餐馆、生态食材商业物流体系等，旨在满足人们对食品的优质、安全、无污染、营养健康的消费需求的同时，实现农业资源高效循环利用和生态绿色发展。耕育农法使用传统农耕技术与现代生物科技融合集成的生产方法，既考虑了自然生态对人类的心灵和身体康养的机理，又考虑了人文生态对公众的体验和育人作用，实现了传统与现代生产方法的整合。耕育农法承载着中国历史文化传统和中华民族文化记忆的中医农业技术方法，具备生产、体验、教育等多功能性。

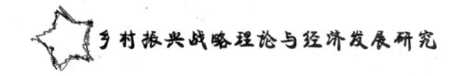

二、特产品产业链条作用

(一) 特产品的空间开发

1. "特色"与"优势"的空间格局

我国农特产品种类多、产业发展不均衡、市场需求差异大。要充分发挥国家级特优区的辐射带动作用，统筹考虑不同区域的资源禀赋、环境承载力、产业基础及发展潜力，提升特产品发展对新型城镇化的产业贡献度。按照国家发布的《特色农产品优势区建设规划纲要》，既要强调"特色"，更要突出"优势"的原则，聚焦发展五大类特色农产品中的29个重点品种（类）。对生产规模比较大、区域分布广、带动经营业户多的，选择具体品种创建，包括马铃薯、苹果、茶叶等；对单个品种产业规模小、产品功能相似、适生区域相近的，按多个品种归类创建，包括特色粮豆、道地药材、食用菌等；由于特殊的生产销售模式，难以细分品种的，则按照生产销售模式创建，包括特色出口蔬菜及瓜类、季节性调运大宗蔬菜及瓜类等。

2. "内生式"动力

在丹东地区鸭绿江上游地段的绿江村和浑江村，当地人充分利用鸭绿江季节性水量变化的规律，将枯水期的沿岸土地（当地称之为"水没地"，一种季节性的水淹地）种植了冬小麦和油菜花，这些农作物在上游洪水到来之前基本会收割完毕。近些年来，当地人种植了大片的油菜花，吸引了大批外地游客前来观赏。尤其是通过创意设计，油菜花田、冬小麦田都呈现出阶段的图案变化，与周边的生态环境共同塑造了新型的体验空间，使得前来的游客能够在不同的时期都感受到油菜花海呈现出的不同美景，一些摄影爱好者更是将这里作为摄影基地，推动了当地休闲旅游的深度发展。国内外的空间生产实践普遍重视乡村文化和历史传统，力图通过发掘乡村文化资本，激活乡村地区的内生发展动力，提升乡村本地参与发展的水平。该地地处中朝边境地区，这种地域特色文化还丰富了旅游者的体验感知。

(二) 特产品的节庆活动

1. 特产品节庆活动的表现形式

以特产品为核心主题的节庆活动已经成为乡村发展的重点项目。节庆活动将其生长过程及最终产品以丰富的载体和活动形式表现出来，通过主客互动的参与体验形式，实现了产品的多样化价值，提升了产品的多级开发水平。由于地理标志特产品的品质和相关特征取决于自然生态环境和历史人文因素,要使特产品能够实现多元化价值,就要通过丰富的体验过程来实现其价值的多元化。比较常见的方式就是以特产品为主要文化载体,举办特色的文化节庆活动,如每年秋分举行的中国农民丰收节,极大地调动起亿万农民的积极性、主动性、创造性,提升了亿万农民的荣誉感、幸福感、获得感,提升了当地特产品全方位的体验服务,实现了特产品的多元价值。

事实上,国内具有阶段性特征的特产品(梅花、樱花、油菜花等)都有相应的季节性节事活动开展。这也表明,特产品的生产过程与产品的最终形态都可以和环境相互配合,营造出新型的休闲体验空间,丰富特产品开发的共享体验活动内涵,增强生产经营者与消费者的相互联系,提升特产品的品牌影响力。

在这些以特产品为主题的休闲产业空间营造过程中,主要是按照体验经济与共享经济的视角,将特产生长阶段的每个物候特征与乡村空间整合在一起进行考虑。乡村体验空间构建不仅是特产品生产的重要环境基础,也是乡村旅游转型升级的重要空间载体。不同物候阶段的产品都是休闲体验空间中的重要道具,构成了生态体验场景,同时与其他要素的整合形成了生态体验景观网络,实现了为体验活动提供地域特色显著、活动类型丰富体验场域的基本功能。这种场域既是乡村生产生活的体验感知场,也是以特产品为主题的知识转化过程。在这种由隐性知识与显性知识相互转化构建的体验场域中,特产品和当地社区的居民一样,都扮演着不可或缺的角色,它们或是知识转化的创新主体,或是生态体验场中重要的共享体验行动主体,每个主体的角色具有较强的多样性及实现价值的多元性。乡村是一个有序的、能够自我调整的自组织社会系统,其内部能够实现包括人类在内的各种实体生活的自动调整,是一个朝着乡村振兴战略目标实施的目标型复杂系统。

按照社会系统理论,这是一个具有自我组织行为的系统,是一个按照某种特定内涵运作的社会系统,通过选择特定的内涵,从周围社会环境中跨越分界实现自我生产与再生产。系统的内涵(meaning)主要是通过乡村生产过程中的目标(goals)、价值(values)及保障供给(logic)来表述的。在现实社会中,跨文化的交流对于知识的转化影响较大,如在"外来劳动者"和"本地贫困人口"的跨群体之间知识转化对于旅游扶贫的作用最大。各种知识在本质上都是"地方性知识",是特定情境中的产物,具有较强的地域文化内涵。在一些特产品生产地区,扶贫的关键在于使贫困人口掌握谋生手段,掌握外部动力转化为内部动力的基本技能,使得当地人获得更精准的劳动技能和生产技巧,以及文化意识上的转化,避免低水平的"内卷化",从而激活贫困地区发展的自觉性和内生发展活力,变被动接受帮助为主动积极参与扶贫,依靠转化而来的创新知识力量赢得主动发展的权利,使得知识成为摆脱贫困的动力之一。沿着"网络—知识转移—创新绩效"路径推进物质空间、文化空间和社会空间的结构不断优化,促进了乡村文化的精神性重构与制度性重构。

2. 特色体验空间的营造

从体验消费的角度来看，现代消费者对传统农业生产方式创造的休闲空间需求较大，这使得传统农业知识与技能不断地得到关注，也使得以特产品为核心的体验空间营造有更深刻的内涵，对产业过程及空间生产的知识渴望有待于通过共享体验的方式来实现。在特产品的生产地区，大多是以传统的农业生产技术来推动特产业持续发展，依靠经验传授的方式将隐性知识转化是很难的，尝试将隐性知识用现代化的显性方式记录下来也只能用作智能化的前期统计使用。一些国家采用现代化的智能仪器的记录来辨识优秀农民拥有的隐性知识，将其对植物的生长条件和植物生长环境等相关的判断信息转化为基本数据，获取其经营行为中的隐性知识，这种知识基本上服务于智慧农业的发展。而存在于乡村的传统生活方式、农作方式及聚落空间选择等"地方性"隐性知识往往很难采用智能化设备准确地再现，即便记录下来，也只是"只言片语"，很难做到系统化的记录传承。在传统的乡村社会中，农民拥有的个性知识、经验和价值传统知识等隐性知识，往往以师传徒授等非正式的方式进行交流转化，只有通过整合当地知识与系统性的专业知识，才能获得当地可持续农业发展的知识背景。对印度一些农村地区的研究结果表明，传统农业知识与技能往往以非正式的知识分享方式更容易被农民接受。对创新知识的需求，个体或群体通过媒体手段、人际关系、培训交流、模仿继承、师传徒授等正式或非正式的方式获得共享型创新知识，从而推动休闲体验空间中的知识形成。

在知识转化的循环过程中，特产品通过各种形式的体验场来实现专业知识的转化，推动产业创新的发展。在野中部次郎提出的 SECI 模式中，知识转化场主要包括原始场、对话场、系统场、练习场及共享场。这些场的整合共同塑造了不同类型的知识转化空间，推动了个体知识与群体知识的相互转化，尤其是显性知识与隐性知识相互转化形成的自我超越型知识，提升了乡村空间的创新水平，实现了农特产品的多样化价值。各种场是知识转化的基本空间单元，类似于生态体验场，在某些场合下，它们也就是特定的体验场，具有不同维度的知识内涵。由不同类型的生态体验场通过关联要素连接成生态体验景观，这种景观是一种典型的行动者网络关联，将不同类型行动者的知识转化到彼此的目标整合上，推动了网络化的进展。

第四节 特产品的创新营销

一、社区营销基础

(一) 精准扶贫战略

1. 电商扶贫的优势

网络营销开启了特产品的电商时代，各种新媒体提升了产业的营销水平，提升了精准扶贫的综合效率。乡村肩负着大农业生产的重任，优质化的特产品品牌化建设及营销效率较低一直是个难题。目前，我国网络零售增速不断加快，共有超过 70 万家企业名称或经营范围包含"电子商务""互联网销售"等字样，且注册地址多为乡、镇。突如其来的新冠疫情增加了特产品的营销难度，但"直播+电商"的新型消费方式应势而上，激活了产品消费领域里的一池春水，为各个产业实现经济转型升级按下了"加速键"，成为精准扶贫、提振经济动能转换的驱动器。

通过整合各种资源和产业形式，推动"直播+电商"进入企业、进入农村、进入社区，通过灵活多样的新媒体形式，推动共享体验经济的发展，形成农特产品电子商务发展的新趋势。作为一种新型业态，农村电商下行的速度比上行更快，使农民能够享受到优惠优质的工业品和高档的消费品，突破了农村地区没有大型商场、超市带来的不便。如今，农民不仅可以在电商平台上购买农资产品，还可以购买日用品，电商平台营造的双向流动的效应正在放大。按照乡村振兴战略的要求，农村电商应该在产业兴旺和生活富裕两方面继续探索适合农村的发展方式。特产品区别于其他商品的特点是特色与新鲜，以及绿色和有机，使用什么样的营销方式向市场的消费群体来展示产品，无论是图片、文字，还是市场更愿意接受的直播形式，都要结合本地特产品的具体特征来进行。以特产品助力乡村产业的振兴，让农民变主播、手机变农具、直播变农活、数据变成新型资本，就是要将产业发展中的各种要素激活，使其成为改变特产业发展的功能要素。只有将特产品的优势和平台优势相结合，才能达到线上直播的效果，因为所有的直播准备都是为了特产品的热销，如果准备工作做得不好，就没有更好的曝光度，就不会转化为消费群体的热度。随着农村居民网购消费需求越来越大，农村居民在消费行为上有了更多的选择性。同时，农村居民内心渴望和城市居民拥有一样生活品质的消费需求，也在一定意义上促进了农村网购的进一步发展，促进了偏远地区的消费增加，提升了当地人的生活水平。

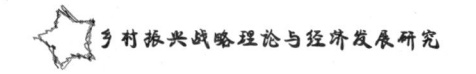

2. 电商带动的新营销模式

电商开启了特产品与环境共创空间发展的新业态发展模式，增强了特产品对空间生产的塑造能力，产品的空间属性将进入消费者的体验之中。按照景观社会学理论，现代社会中互联网和科学技术共同催生的电商直播，更像是一场令人着迷的大型"景观秀"。从电商开启时，与特产品关联的创新知识转化已经成为空间生产的创新动力，创造了新型的景观，也将人们对"物"的崇拜转变成对"景观"的崇拜，也就与空间生产建立了密不可分的联系，与特产生产关联的空间体验成为消费者追求的一个重要目标。生产者与消费者共创共享价值链。共享价值主要由共享的道德价值、共享的文化价值、共享的物质价值、共享的政治价值等构成。共享价值普遍存在于群体或群体之间及组织之间，是具有规范制约和行动引导作用的判断准则。在以特产品为核心的社会资本构成中，共享价值作为一种公共知识和价值理念，内源性地引导社会资本朝着不同需求群体的共享价值方向投入，社会共享价值具有目标导向和行为驱动功能，自觉地推动社会系统宏观结构的合理建构，保障社会有机体的正常运行。

随着一系列相关帮扶政策的落实，电子商务在农村地区有了突飞猛进的发展，提升了乡村特产品的开发信心。互联网金融模式下的农村电子商务、金融服务覆盖面广，经营业户可以通过网上金融平台找到资金提供方，而资金提供方能够通过网上金融平台验证资金需求方的身份信息，这种方式减少了金融中介，可以提高金融效率，降低融资成本，但同时网络监管也成为整个社会最为关注的内容。积极探索农村信用社省联社改革路径，突出专业化服务功能。规范发展小贷公司等非存款类放贷组织，积极发挥其服务乡村振兴的有益补充作用。围绕脱贫攻坚，粮食安全，绿色农业，第一、二、三产业融合等乡村振兴重点领域，强化金融产品和服务方式创新。积极稳妥地推广农村承包土地的经营权抵押贷款业务，推动集体经营性建设用地使用权、集体资产股份等依法合规予以抵押，形成全方位、多元化的农村资产抵（质）押融资模式。

坚持价值导向和创新引领，推动城乡融合的一体化进程。由生产经营者和消费者共创的价值是指群体之间坚持创造活动中机会均等、成果分享的价值选择和价值导向，从而有效地遏制经济、文化、社会关系等多方面存在的"内卷化"效应，使得产业发展走出徘徊的低谷。在目标导向和行为导向的发展过程中，特产品产业链的发展呈现出多元化的发展趋势，新型共享价值的构建推动着社会制度进行重新洗牌，产业呈现出的多功能性使得乡村空间发展与乡村振兴的目标保持协调同步，使得乡村空间生产朝着产业、生态、治理、文化、增收致富等目标挺进。

(二) 电商营销战略——"互联网+三农"

1. 电商促进标准化建设

在以电商为平台的新媒体营销过程中，建立符合电商需求和现代商业的产品标准化体系，是特产品优质化与营销协调发展的必由之路，也是电商平台对特产品产业链构建的大促进。按照把乡村建设得更像乡村的理念，将乡村性融入"互联网+三农"的发展理念之中，构建集第一、二、三产业与共享体验相结合的"美丽乡村"发展体系，实现生产经营者与消费群体的共享体验整合，推动乡村振兴的可持续发展。在构建共享经济新业态方面，将重点深化探索所有权和使用权分离改革，大力推进特产生产过程数字化，促进产业链供给端的数据要素流通，拓展生产资料供给的内涵与微循环，提升特产品品牌化的塑造水平。通过产业转型升级与多功能景观网络的构建，保护和传承乡村已有的田林农湖系统，对荒地、山地、林地进行修整性保护，实施山林湖泊溪流的生态修复工程，把乡村空间打造成诗意栖居、宜游宜业的美丽家园，提升特产业的产业链共享体验价值的实现水平。

2020 年是国家实施《乡村振兴战略规划》和全面建成小康社会的关键一年。尽管迎头撞上的新冠肺炎"黑天鹅"让全国经济陷入了下行态势，导致供给端和需求端的联系难以畅通，造成诸多产业市场需求端陷入低迷的境地，但是夹缝中生存的特产经营业户和销售端的业户都在积极拥抱直播电商寻求出路，把"直播电商"再次推上时代发展的前沿，使全国电商发展呈现前所未有的良好势头，而且得到了消费者的认可。在特产供给端呈现良好势头的同时，通过生活服务共享信息平台的搭建，公有云资源、生产设备、验证环境、仿真平台共享相继呈现出多元化的发展格局，推动了生产资料数字化和生产资料使用权共享，也推动了全国一体化大数据中心建设等，实现了供给端与需求端的平衡发展，使低迷下行的经济发展势头得到遏制，助推产业发展进入了一种全新的发展模式和状态之中。

电子商务极大地节约了生产者营销的成本和消费者的消费成本，形成了区别于传统商业模式最明显的优势，促进了生产经营者与消费者之间的联系，从而推动了特产品与电商产业融合创新发展。在第一、二、三产业融合过程中，丰富休闲产业和美丽乡村建设的内涵。以电子商务平台打造为手段，积极搭建众创园区，吸引更多的年轻人返乡创业，提升创客的创新发展水平，拓展当地农特产品的市场范围，实现乡村振兴战略的五大目标。

2. 电商促进组织化建设

通过成立专业合作社，进行优质特产品生产，促进产业融合发展，打造特产品的品牌，让特产品经营业户足不出户就把产品卖向全国，激活乡村市场，盘活乡村资源，为农业注入新的生命。电商平台使消费行为拥有不受时间与空间限制的自由，也大大降低了特产经营业户的店铺成本和宣传成本，使得更多的经营者参与到品牌化建设之中。在构建创业创新平台过程中，要以电子商务为抓手，建设线上线下店铺，建立创客中心，吸引年轻人入乡加入电子商务就业创业平台，通过电子商务，驱动特产品加工、生产，通过农特产品的加工生产吸引和保障更多本地村民就业和创业。产业化运作模式打造了名牌产品体系，使得特产品的品质永远成为消费者关注的核心焦点，品牌一旦与一流品质画等号，品牌建设的根基将相当坚固。

专家指出，政策合力正在促使互联网深入农村腹地，推动农村消费升级和相关产业的发展，助推农村电子商务的迅速崛起。农村电子商务指以网络与信息技术为支撑、以特产品为经营主体，开展农业生产管理、特产品线上线下营销，结合物流服务、客户管理等一系列的电子化交易与管理服务活动。具体来说，就是消费者登录 B2C 或 C2C 等电子商务网站，挑选自己喜欢的商品，向农村地区网购平台上的卖家下订单，卖家利用自营物流或者第三方物流机构等将商品送达买家手中的一种服务模式。

电商扶贫已经成为我国精准扶贫的成功模式之一。做好协同创新的路径探索，使政府财政投资、风险投资、私募投资、股权融资、债券融资等真正发挥作用，特别是要加强农村电商人财物资源的有效整合。各大电商在落实中央关于电商扶贫的决策部署过程中，坚持精准方略，创新发展模式，不断提高电商扶贫的精准度和实效性，纷纷建立"O2O 中华特色馆""电商扶贫展示专区"等形式的特产品营销平台，推广苏宁的"三化五当"模式。"三化"即农业产业化、特产品品牌化和农村人才专业化，"五当"则是指销售在当地、纳税在当地、服务在当地、就业在当地和造富在当地。着力培养造就了一批懂农业、爱农村、爱农民的"三农"工作队伍，有利于实现农业农村现代化。

从短期层面来看，在平台流量支持、政策利好、消费回暖的背景下，"直播带货"可以增加经营业户的收入。传统电商通过"文字+图片"的形式向受众传递相同的产品信息，直播凭借强大的内容承载力，可以更真实、直接地反馈产品信息，通过直播消费者可以直接看到特产品的原产地，甚至养殖和采摘过程，加强了对产地来源的信任感，再加上县领导、乡镇干部、艺人等的公共推动，大大密切了消费者与乡村供货源之间的关系，让消费者与主播所代表的乡村文化快速建立了信息关系，从而产生消费行为。

从长期来看，由于直播的高互动性和实时反馈的属性，消费者可以直接在评论、弹幕中反馈产品的意见，相比传统漫长的市场反馈机制，直播大大减少了供给侧与需求侧的信息不对称和信息差问题，经营业户可以根据在直播中收到的反馈，合理调整生产计划，一定程度上推进了产业发展的市场化进程。

农村电子商务引领农业从"生产什么卖什么"向"市场需要什么生产什么"转变。通过电子商务对接产销，建立以消费需求为导向的生产经营体系，带动产业市场化、倒逼标准化、促进规模化、提升组织化、引领品牌化，推动特产业供给侧结构性改革，提高产业的质量效益和竞争力。传统的营销链路要建立消费者信任感，进而产生购买意向，需要经过大量的品牌宣传，消费者才能一步步从注意到产品、产生好奇、产生购买欲望至最终产生购买行为，但直播将这些营销链路大大缩短了。在网络直播中，主播鲜明的个性和主持风格更容易让用户产生信任感，进而完成从对主播信任到对产品信任的嫁接，产生消费行为。但是这种信任建立得快、消失得也快，一旦消费者发现主播在产品价格、产品质量等信息上有夸大、造假等行为，就会使消费者产生"被欺骗"感，从而彻底丧失对主播甚至主播所代表的整个乡村品牌的信任，以致对类似品类的"直播带货"行为都产生抵触心理。目前，在地方部门领导直播带货火热进行的背景下，部分领导搞形式主义，强制公职人员消费，这种行为会让消费者直接对"产品质量"产生怀疑，不仅降低了政府官员的公信力，也会对该地区的品牌建设产生直接危害。

直播电商是营销内容和电商的结合，用户之所以追捧"直播电商"，是因为用户在观看直播带货的同时，也在观看更加真实、有趣、高互动的体验场景，满足了用户内容消费和社交互动的体验需求。直播突破了时空限制，延长了特产品销售时间，扩大了销售半径，实现了农村小生产与城市大需求之间的有效对接。电子商务贯穿于农业生产、流通、消费、库存等全链条，是农业大数据的重要来源，利用数据预测和调节生产、消费，提高宏观决策和管理水平，指导农民合理安排生产、调整品种和销售时机，能够促进特产品供求总量和结构平衡，农村电子商务既帮助企业拓展了农村消费市场，又带动了特产品进城，帮助农民增收致富，促进了农村经济转型升级。通过电子商务实现特色乡村旅游景区推介、文化遗产展示、食宿预订、土特产网购、地理定位、移动支付等资源和服务的在线化，深度挖掘农村的生态价值和文化价值，打通绿水青山变为金山银山的通道。

随着乡村 4G 深化普及和 5G 创新应用，尤其是 2020 年 8 月 22 日中央广播电视总台承担的"5G+4K/8K 超高清制播示范平台"的推出，城乡之间的"数字鸿沟"在逐渐缩小。目前，各地初步建成了一批兼具创业孵化、技术创新、技能培训等功能于一体的新农民新技术创业创新中心，产生了较为广泛的示范引领效应，也培育并形成了一批叫得响、质量优、特色显的农村电商产品品牌，基本形成了乡村智慧物流配送体系。乡村振兴离不开文化的繁荣与发展，网络文化的繁荣与发展促进了乡村数字治理体系的日趋完善，推动了文化空间、经济空间、社会空间、生态空间、治理空间等的功能转换，提升了综合发展的效率。2009 年前后，以淘宝为代表的互联网零售快速发展，各行各业快速拥抱电商行业，完成了线下向线上的数字化转型，推动了乡村特产品经营理念的转变，而乡村经济在这一波经济转型中，不仅在经济方面获得了较大的收益，也促进了当地居民的发展理念的建立，打破了收入低水平增大的怪圈，实现了可持续发展的阶段性目标。至 2019 年，全国 25 个省（市、自治区）形成了 4310 个淘宝村，这些淘宝村的形成在增加农民收入、带动返乡创业、促进产业兴旺等方面凸显出重要的经济和社会价值。根据淘宝村的 10 年发展经验，新兴业态的形成需要农民、平台、政府共同努力，三方共建，方可使"直播电商"这种新兴业态在乡村经济的建设和发展中行稳致远，形成可持续的经营发展态势。随着直播电商作为一种线上新型消费方式，电商已经成为提振乡村经济动能的新型驱动器，使得乡村地区不断转换发展方式，增加生产者与消费者共享体验的交流机会，缩短产业链供给端与需求端的营销距离。

二、社区人才培训

（一）乡村电商类型

1. 数字化促进平台转化

特产业在数字化过程中，就业从传统的"公司+雇员"向"平台+个人"模式转变，为劳动者提供了低门槛、多元化创富的发展机会，一批有创意、有能力的"新个体工商户"快速地进入新的发展领域之中，促进了乡村地区更广范围的就业，实现了创业发展的快速成长梦想。我国电商在深入农村地区的发展过程中，跳过了 PC 端时代，直接使用移动互联网开展营销及购物，推动了特产品和其他工业品的城乡间双向快速流通，而且城乡之间的共享体验行为不断增强。在电商竞争日趋激烈的今天，生活服务电商则可以线上线下融合在一起，更多的经营主体开始关注网络流量，吸引更多的粉丝进入自己的产业链之中，流量一夜之间的巨大变化，已经成为品牌化的重要分水岭，产品的品牌优势已经成为流量优势。这种流量优势逐渐进入农村电子商务服务的各个领域之中，包括线上农贸市场、数字化农家乐、特色旅游、特色经济和投资促进，缺少了产品流量的关注，无论是线上还是线下，都有可能造成特产品价格的"过山车"式变化。与此同时，线上农贸市场快速传递农、林、渔、牧供需信息，推动创新知识的传播与转化，使得创新发展快速地在各地进行，帮助更多的经销商进出当地市场，和当地经营主体一起开拓国内市场，走向国际市场。

通过对各地区特色经济、特产业及相关知名企业和产品的宣传介绍，拓展产品销售渠道，加快各地区特产经济和知名企业的快速发展。数字化可以为当地农家乐提供线上展示和宣传渠道（各种餐饮娱乐设施或具有地方特色的单位），利用地理信息系统技术，制作全市农家乐分布的电子地图，使其风景、饮食、娱乐等方面的信息一目了然，方便了城市居民的出行，实现了城乡互动，促进了当地农民的增收。鼓励电商平台的小店在线集聚，利用平台技术、流量、场景和资源优势，创新云逛街、云购物、云展览、云直播、云体验、云办公，拓展批发、零售、餐饮、民宿、美发等领域的数字化营销活动，打造"小而美"的农家乐品牌，提升人气、口碑。

整合线上线下资源，建立电商创业示范点，帮助和激励从事网上创业活动的农村青年实现自己的创业梦想。引导村干部、种养大户、科技示范户、专业合作组织带头人进入新营销领域，实现乡村产业发展的跨越。通过解放思想，转变观念，加大电子商务投入，积极应用农村电子商务，在网上开展特产品生产经营活动，在全社会形成有利于电子商务发展的舆论氛围。在电商平台火热的形势下，要加强平台数据的监测分析，将精准营销的理念及发展模式深入农村更多的领域之中，尤其是要了解当地特产品消费者的真实想法和需求，不断丰富平台的产品种类，提高购买体验的便捷度，让电商平台所提供的商品、服务更贴近于消费者的体验需求。

扶贫和发展需要当地人具有强大的自发动力，地方领导将"直播电商"带入农村，让乡村特产品及空间环境直接成为自己的营销对象，为经营业户打开了连接全国甚至全球市场的窗口，剩下的工作要由经营主体自己去完成。直播带货的本质其实是一种新型的产品推销的渠道和方式，真正吸引消费者下单的还在于足够优质的产品与足够合理的产品价格。虽然直播带货的三要素中的重点在于"货"而非人，但当产业进入直播电商这个行业，也要遵循这个行业运行的基础规则，不断增强内容运营和产品供应链管理的能力，尤其是要结合消费群体的时代需求，增强消费过程中的体验感受，丰富产品的体验服务功能，这已经成为直播带货中不可忽视的主要内容。经营主体自身需要依托当地的产业基础和资源禀赋，挖掘具有乡村特色的产品的文化内涵，不断完善产品供应链，提高产品质量，降低产品价格，增强体验服务，夯实直播兴农的可持续基础。

2. 电商平台促进全社会参与

随着"三网融合"，以及物联网、大数据、云计算等创新技术的广泛应用，涉农电子商务规模将呈现多元化，并与智能农业、智能流通、智能消费相融合。各种专业服务提供商开始进入农村，提供商品供应、仓储、摄影、图像处理、网店装修、代理运营、策划、融资、财务管理、支付、品牌推广和管理咨询、人员培训、物流和法律等一系列服务，提高了生产者与消费者之间联系的便利程度。农民从零售商到分销商，从单纯的渠道商到品牌商，从原材料采购商到设计商，从寻找制造商到承揽货物商，最后将货物配送到其他小型网络经销商，农村逐步建立起以品牌经销商、批发商、零售商为主体的垂直电子商务产业链层级，不断增强产品服务与消费者之间的黏性；特产品批发市场充分发挥物流、服务、体验等线下实体店的优势，促进线上线下市场的融合发展，实现了线下实体市场的转型，形成了特产品营销的新型发展模式，提升了其产业结构调整及发展动能的转换能力。

在这种产业链延伸过程中，政府提供了丰富的外部公共产品，为创业者、生产者、中介服务者、消费者提供了建立联系的新机制，这里既包括以建设基础设施为代表的刚性公众产品，也包括以法律法规为代表的专门化政策。电子商务法针对电子商务平台的责任有明确划分，但对于短视频平台、直播平台等新兴媒体在电商中的行为仍没有明确的责任划分制度，对一些直播过程中出现的各种纠纷问题，需要政府出台有针对性的措施，解决新型业态发展中的数据造假、虚假宣传、质量低劣等问题。同时，直播电商对乡村基础设施要求很高，政府要加强乡村新型基础设施建设的投入，完善道路交通、冷链技术、保鲜技术、互联网、物联网、智联网等新型基础设施的建设。

（二）电商平台培训

1. 电商平台人才的本地化

乡村内生发展的关键是有效配置内外部资源，尊重特产品发展的地方本土性，着力挖掘地方的人力资本、文化资本、社会资本等隐性的内生性资源，使各种资本成为最有活力的因素。实施乡村振兴战略，要积极培育农民的自主性，真正赋权给地方，科学制订乡村内生发展规划，遵循"坚持农民主体地位""增强农业农村自我发展动力"等基本原则，统筹利用好内生性资源与外生性资源，激活中国乡村内生发展动力，推动乡村振兴。以互联网提速为契机，完善专业合作社和家庭农场的网络提速降费、平台资源、营销渠道、金融信贷、人才培训等政策支持，使互联网成为每一个经营者施展才华的平台与舞台。互联网、物联网和智联网等高新技术融入产业发展之中，推动数字特产业、智慧旅游业、智慧产业园区等新型业态及空间形式的发展，为更多的乡村创客人才提供创业发展空间及平台机制，实现特产经营的跨领域共享发展。

加大乡村能人的培训力度，采用更加灵活的方式培育在乡创业主体。提高创意特产品的发现机会、识别细分市场、整合乡村多种资源、创造多元价值的能力。网络营销师也叫网络营销工程师，其职责是将互联网技术与市场营销相结合，通过各种技术手段，迅速提高网站综合排名和访问量，为企业提供网络营销规划、网站建设规划、搜索引擎优化竞价推广和网盟推广、整合网络营销推广等服务，帮助企业有效提升销售额。网络营销师是指通过全国统一考试，取得中华人民共和国工业和信息化部颁发的中华人民共和国工业和信息化部网络营销师职业技能水平证书，并经注册的专业技术人员。网络营销师证书是国家相关部门及企事业单位招聘录用人才和晋升职称时的一项参考依据。

在线上直播过程中，主播要搭建直播场景、设计直播内容和促销计划等，需要更精心构思和策划场景及直播的每个细节。良好的沟通、表达和销售能力是成功主播的必备素质。优秀的主播能对产品进行精准描述，能通过讲故事的方法，让观众产生共鸣和共情，从而提升自身传播的影响力，增强用户群体的活跃度。由互联网主播形成的新型职业就是互联网营销师，其成长与发展离不开相关的培训教育和相关部门的认证。互联网营销师的培训内容包括市场营销、消费者、互联网等相关领域理论知识和实操两部分，并不定期邀请资深主播、企事业单位电商部相关负责人、有关专家现场分享实战经验，进行开播指导和教授市场问题应对之策等。互联网营销师的培养，要与当地的创新创业紧密结合。遴选一批创业激情旺盛的返乡农民工，加强指导服务，重点发展特色种植业、规模养殖业、加工流通业、乡村服务业、休闲旅游业、劳动密集型制造业等，吸纳更多的农村劳动力就地就近就业。

通过营造"引得进""留得住""干得好"的乡村营商环境，引导大中专毕业生、退役军人、科技人员等返乡创业，应用新技术、开发新产品、开拓新市场，引入智创、文创、农创，丰富乡村产业发展类型，带动更多经营主体学技术、闯市场、创品牌，提升乡村产业的层次水平。挖掘"田秀才""土专家""乡创客"等乡土人才，以及乡村工匠、文化能人、手工艺人等能工巧匠，支持创办家庭工场、手工作坊、乡村车间，创响"乡字号""土字号"乡土特色产品品牌，保护传统手工艺，发掘乡村非物质文化遗产资源，带动经营业户就业增收。

2. 电商平台对人才培训方式的改变

支持有条件的职业院校、企业深化校企合作，依托大型农业企业、知名村镇、大中专院校等建设一批农村创新创业孵化实训基地，既要为返乡入乡创新创业带头人提供职业技能培训基础平台，也要通过新型空间开展研学旅行等活动，为大中小学生提供体验教育的新型空间，推动我国的研学教育全面展开。

充分利用门户网站、远程视频、云互动平台、微课堂、融媒体等现代信息技术手段，提供灵活便捷的在线培训，创新开设产品研发、工艺改造、新型业态、风险防控、5G技术、区块链等前沿课程，提高创新知识的转化效率。依托农村创新创业园区、孵化实训基地和网络平台等，通过集中授课、案例教学、现场指导等方式，创立"平台+导师+学员"服务模式，丰富教与学的互动形式，提升乡村地区科技文化的转化普及率。注重乡村创新知识的转化特征，根据创业导师和创业人员实际，开展点对点的指导服务，通过"一带一""师带徒""一带多"等精准服务方式，促进创新型的隐性知识转化成为创新的自我超越型知识。在乡村人才汇集的众创空间中，推行"创业+技能""创业+产业"的培训模式，开展互动教学、案例教学和现场观摩教学，提升受训学员的知识技能掌握水平。发挥农村创新创业带头人的作用，讲述励志故事，分享创业经验，扩大创新激励的影响范围，提振大众创业、万众创新的信心。

根据返乡入乡创新创业带头人的特点，积极探索"创业培训+技能培训"的发展模式，开发一批特色专业和示范培训课程，打造线上线下互动式的教学平台。开设农村创新创业带头人创业经验研讨课，丰富知识转化形式，推动创新知识和创新技能的有效转化。组建专业化、规模化、制度化的创新创业导师队伍和专家顾问团，建立"一带一""师带徒"培养机制，将特产品生产及加工中的文化遗产传承下去，使得文化传承与振兴成为乡村振兴的重要内涵。积极培育市场化中介服务机构，建立"互联网+"创新创业服务模式，吸引海内外更多创业创新人才投入到当地特产品开发之中，为创新人才培育提供更多的便利，为农村创新创业主体提供灵活便捷的在线服务。

要加快知识产权保护、普惠金融支持等方面的持续深化改革，降低新业态新模式创新发展成本。有些特产品经过数代开发，具有较强的知识产权特征和专利特征，要严格落实各类特产权园区设立用地审核要求，依托现代特产产业园、特产品加工园、高新技术园区等，选育优良的知识产权明晰的特产品品种，建设一批乡情浓厚、特色突出、设施齐全的创新创业园区，建设一批集"生产+加工+科技+营销+品牌+体验"于一体、"预孵化+孵化器+加速器+稳定器"全产业链的创新创业孵化实训基地、众创空间和星创天地等，帮助农村创新创业带头人开展上下游配套创业。

第四章 乡村振兴战略下乡村旅游产业的发展

第一节 乡村振兴战略下的乡村旅游发展

"三农"问题历来受到党和国家的高度重视。坚持农业农村优先发展,实施乡村振兴战略把乡村振兴提高到战略高度并写入党章,是中国进入特色社会主义进入新时代的新要求。推进这一战略的实施,乡村旅游是重要途径。

一、乡村振兴战略下乡村旅游发展要求

农业农村农民问题是关系国计民生的根本性问题,必须始终把解决好"三农"问题作为全党工作重中之重的战略定位,为新时代农业农村发展明确了重点、指明了方向。

(一) 实施乡村振兴战略的必然性与紧迫性

党中央一直坚持把解决好"三农"问题作为全党工作的重中之重,出台了一系列的支农强农惠农政策,极大地促进了农业农村发展。农业农村形势向好,为经济社会发展全局提供了基础支撑。

但同时,进入新时代,农业农村发展进入新阶段,农村发展不充分,成为全面建成小康社会的短板,主要体现在以下几个方面:

1. 农业发展质量效益竞争力不高

当前,国内农业生产成本持续上涨,与此同时,国际农产品价格持续下跌,国内农产品价格高于国际农产品价格,国内农产品与国际农产品相比缺乏竞争力,也导致国内农产品价格上涨难度加大。迅速上升的农业生产成本与较低价格的农产品价格导致农业经营效益不高。与此同时,农业资源环境约束日益强化,农业兼业化、农民老龄化趋势明显,"谁来种地""如何种地"问题突出,势必会影响现在乃至未来的农业发展质量效益。

2. 农民增收后劲不足

农民收入主要由工资性收入、家庭经营性收入构成,目前,农民的工资性收入已经超

过家庭经营性收入，成为第一大收入来源。但受整个中国经济进入经济新常态的影响，近几年，外出农民工净增数量和工资水平出现增速"双降"，在一定程度上限制了农民工资性收入的进一步增长。与此同时，受农业生产面临成本"地板"和农产品价格"天花板"这"两块板"的双向挤压，农民持续增收的压力越来越大。

3. 农村自我发展能力弱

从提出实施新农村建设战略开始，已经连续10多年对农村进行大量的投入，但结果却并不理想，有起色的乡村并不多，大部分农村还是老样子，环境脏乱差。没有活力，没有生机，呈现一片萧条景象，农村发展的内生动力缺乏。

决胜全面建成小康社会，解决好"三农"问题迫在眉睫，振兴乡村势在必行。

有人认为通过工业化、城镇化发展就可以解决"三农"问题，这是非常片面的。一方面，作为国民经济的基础，农业为工业化城镇化的发展提供基础支撑，无论工业化城镇化如何推进，其基础地位都不会改变；另一方面，随着城镇化进程的推进，人民对能留得住乡愁的美丽乡村风光会有更多需求；此外，据测算，到2050年，即使中国城镇化率达到70%，仍然有4亿左右的农村人口居住在农村，基于人们对美好生活的向往，也需要农村更加富饶、美丽、和谐。

实施乡村振兴战略，是在中国特色社会主义进入新时代的背景下，党中央在深刻把握我国农业农村发展新阶段，立足我国城乡发展不平衡，着眼于确保如期全面建成小康社会和基本实现现代化、遵循以人民为中心的发展思想，对"三农"工作做出重大决策部署、提出新的目标要求，只有坚持农业农村优先发展，采取超常规振兴措施，推动资源要素向农业农村倾斜，才能加快补齐农业农村发展短板，缩小城乡差距，让农业成为有奔头的产业，让农民成为有吸引力的职业，让农村成为安居乐业的美丽家园。

（二）发展乡村旅游是乡村振兴战略的重要途径

实施乡村振兴战略的总要求，即要按照"产业兴旺、生态宜居、乡风文明、治理有效、生活富裕"的总要求，建立健全城乡融合发展体制机制和政策体系，加快推进农业农村现代化，用20个字系统概括了新时代农业农村发展总要求。乡村旅游作为推进一、二、三产业融合的典型产业业态，其对农业农村农民的积极作用是完美契合乡村振兴战略对新时代农业农村发展的总要求。

以广东省清远市清城区飞来峡镇旧岭村委会铺背村发展乡村旅游的经验为例。一是铺背村村民收入增加，通过发展乡村旅游，聘请当地农民为服务员或民宿管理者，使得农民既可以照顾农业生产，又能赚取打工收入，部分农民还能通过农土特产品的销售增加收入,农民生活更加富裕;二是吸引人才资金回流,激活铺背村发展内生动力。目前,铺背村不仅吸引社会资本投资,还吸引了10多名铺背村村民回乡投资民宿、农家乐等项目,打破了以往单一的人、财、物流向城市的格局,有利于保持铺背村经济产业发展的旺盛活力,对于铺背村的振兴可谓意义重大。三是增强了村集体凝聚力。逢年过节乃至村民办喜事,铺背村村民均回乡设宴庆祝,改变了以往村民外出打工甚少回乡、乡村冷清的景象,增强了村集体凝聚力,有利于铺背村和谐稳定发展。四是提升农民思想观念。发展乡村旅游由刚开始的一两个人参与开发,到后来越来越多的村民加入,乃至周边的樟洞村也开始发展乡村旅游,这都体现了乡村旅游使得农民"睁眼看世界",开始追求自我发展,提升自我素质和文明程度的积极影响。五是改善农村居住环境和生态环境。无论是发展乡村旅游以前进行的农村环境整治,还是在乡村旅游发展过程中进行的池塘改造、污水处理系统的建设等工程,都有助于铺背村更为生态宜居。通过发展乡村旅游,铺背村农业农村发展面貌明显改观可见,发展乡村旅游是乡村振兴战略的重要途径。

（三）乡村振兴战略下发展乡村旅游的注意事项

实现乡村振兴战略的总目标是促进农业农村发展现代化,相较于单一的农业现代化,农业农村现代化涵盖的范围更广,涉及农村的经济、政治、文化、社会、生态文明等各个方面,是要实现农村的全面发展和繁荣,以此为指导,在发展乡村旅游过程中应加强以下三个方面的工作:

1. 秉持可持续发展理念

乡村旅游是以乡村生态资源、乡村民风民俗等为吸引物而开发的一种旅游活动,有赖于良好的农村自然生态、良好的民风民俗,而如果通过发展乡村旅游造成对农村资源的肆意开发、环境生态的破坏、扰乱当地社会秩序等,乡村旅游也就成了无本之源,发展不可持续,也就不能实现农村的全面发展和繁荣。因此,在乡村旅游开发过程中要秉持一种可持续开发理念。这就要求发展乡村旅游,一要因地制宜,依托当地乡村旅游资源进行科学规划,引导乡村旅游有序开发;二要注重培养政府管理人员及乡村旅游从业人员保护生态环境、发扬农村优秀传统文化的理念;三是在发展乡村旅游过程中充分考量乡村旅游可能带来的负面影响,做好防范措施。

2. 与农村其他工作相结合

党和国家一直高度重视"三农"工作,出台了许多政策措施,投入了很多资源以促进农业农村全面发展和繁荣,可将乡村旅游与国家正大力推进的农村其他工作相结合,如精准扶贫、美丽乡村建设等。通过将乡村旅游与农村其他工作相结合,一方面可以整合资源，弥补农村发展资金等资源的匮乏，对农村发展有利于形成更大效应；另一方面，乡村旅游与精准扶贫、美丽乡村建设等农村工作相互依赖、相互促进，有利于形成农村发展的良性循环，实现农村全面发展和繁荣。

3. 充分发挥政府引导扶持作用

为实现农村的全面发展和繁荣，在当前农业农村仍为发展短板的情况，要坚持农业农村优先发展，意味着尽一切可能促进要素、资源、公共服务等向农村倾斜，这一过程需要充分发挥政府引导扶持作用，为乡村旅游的发展营造良好环境。一要制定乡村旅游发展的行业标准，明确乡村旅游发展方向；二要出台乡村旅游发展的政策，明确乡村旅游发展的管理机制；三要加强基础配套服务设施建设，补齐乡村道路、水、电、通信等短板；四要加强对乡村旅游的宣传推介，作为以自驾游客为主的乡村旅游，游客是否前来游玩有赖于宣传推介，尤其需要政府对整个旅游地的整体宣传推广；五要创新各种体制机制为乡村旅游保驾护航，如设立乡村旅游专门发展委员会、投融资体制等。

二、乡村振兴战略下乡村旅游开发的七种模式

（一）田园农业旅游模式

田园农业旅游模式是以农村田园景观、农业生产活动和特色农产品为休闲吸引物，开发农业游、林果游、花卉游、渔业游、牧业游等不同特色的主题休闲活动来满足游客体验农业、回归自然的心理需求。

1. 田园农业游

以大田农业为重点，开发欣赏田园风光、观看农业生产活动、品尝和购置绿色食品、学习农业技术知识等旅游活动，以达到了解和体验农业的目的，如上海孙桥现代农业观光园、北京顺义"三高"农业观光园。

2. 园林观光游

以果林和园林为重点，开发采摘、观景、赏花、踏青、购置果品等旅游活动，让游客观看绿色景观，亲近美好自然。如四川沪州张坝桂圆林。

3. 农业科技游

以现代农业科技园区为重点，开发观看园区高新农业技术和品种、温室大棚内设施农业和生态农业，使游客增长现代农业知识。如北京小汤山现代农业科技园。

4. 务农体验游

通过参加农业生产活动，与农民同吃、同住、同劳动，让游客接触实际的农业生产、

农耕文化和特殊的乡土气息。

（二）民俗风情旅游模式

民俗风情旅游模式即以农村风土人情、民俗文化为旅游吸引物，充分突出农耕文化、乡土文化和民俗文化特色，开发农耕展示、民间技艺、时令民俗、节庆活动农耕节气、农产品加工活动等，开展农业文化旅游。

1. 农耕文化游

利用农耕技艺、农耕用具、农耕节气、农产品加工活动等，开展农业文化旅游，如新疆维吾尔自治区吐鲁番坎儿井民俗园。

2. 民俗文化游

利用居住民俗、服饰民俗、饮食民俗、礼仪民俗、节令民俗、游艺民俗等，开展民俗文化游。如山东日照任家台民俗村。

3. 乡土文化游

利用民俗歌舞、民间技艺、民间戏剧、民间表演等，开展乡土文化游。

4. 民族文化游

利用民族风俗、民族习惯、民族村落、民族歌舞、民族节目等，开展民族文化游。

（三）农家乐旅游模式

农家乐旅游模式即指农民利用自家庭院、自己生产的农产品及周围的田园风光、自然景点，以低廉的价格吸引游客前来吃、住、玩、游、娱、购等旅游活动。

1. 农业观光农家乐

利用田园农业生产及农家生活等，吸引游客前来观光、休闲和体验。如四川成都龙泉红砂村农家乐、湖南益阳花乡农家乐。

2. 民俗文化农家乐

利用当地民俗文化，吸引游客前来观赏、娱乐、休闲，如贵州郎德上塞的民俗风情农家乐。

3. 民居型农家乐

利用当地古村落和民居住宅，吸引游客前来观光旅游。如广西阳朔特色民居农家乐。

4. 休闲娱乐农家乐

以优美的环境、齐全的设施、舒适的服务，为游客提供吃、住、玩等旅游活动。

5. 食宿接待农家乐

以舒适、卫生、安全的居住环境和可口的特色食品，吸引游客前来休闲旅游。

6. 农事参与农家乐

以农业生产活动和农业工艺技术，吸引游客前来休闲旅游。

（四）村落乡镇旅游模式

村落乡镇旅游模式是以古村镇宅院建筑和新农村格局为旅游吸引物，开发观光旅游。

1. 古民居和古宅院游

大多数是利用明清两代村镇建筑来发展观光旅游。如山西王家大院和乔家大院、福建闽南土楼。

2. 民族村寨游

利用民族特色的村寨发展观光旅游，如云南瑞丽傣族自然村、红河哈尼族民俗村。

3. 古镇建筑游

利用古镇房屋建筑、民居、街道、店铺、古寺庙、园林来发展观光旅游，如山西平遥、云南丽江、安徽徽州镇。

4. 新村风貌游

利用现代农村建筑、民居庭院、街道格局、村庄绿化、工农企业来发展观光旅游。如北京韩村河、江苏华西村、河南南街村。

（五）休闲度假旅游模式

休闲度假旅游模式是指依托自然优美的乡野风景、舒适怡人的清新气候、独特的地热温泉、环保生态的绿色空间结合周围的田园景观和民俗文化，兴建一些休闲、娱乐设施，为游客提供休憩、度假、娱乐、餐饮、健身等服务。

1. 休闲度假村。以山水、森林、温泉为依托，以齐全、高档的设施和优质的服务，为游客提供休闲、度假旅游。

2. 休闲农庄。以优越的自然环境、独特的田园景观、丰富的农业产品、优惠的餐饮和住宿，为游客提供休闲、观光旅游。

3. 乡村酒店。以餐饮、住宿为主，配合周围自然景观和人文景观，为游客提供休闲旅游。

（六）依托农业产业的旅游模式

依托农业产业的旅游模式是指利用农业观光园、农业科技生态园、农业产品展览馆、农业博览园或博物馆，为游客提供了解农业历史、学习农业技术、增长农业知识的旅游活动。

1. 农业科技教育基地

是在农业科研基地的基础上，利用科研设施做景点，以高新农业技术为教材，向农业工作者和中小学生进农业技术教育，形成集农业生产、科技示范、科研教育为一体的新型科教农业园。如北京昌平区小汤山现代农业科技园、陕西杨凌全国农业科技农业观光园。

2. 观光休闲教育农业园

利用当地农业园区的资源环境，现代农业设施、农业生产过程、优质农产品等，开展农业观光、参与体验、DIY 教育活动。

3. 少儿教育农业基地

利用当地农业种植、畜牧、饲养、农耕文化、农业技术等，让中小学生参与休闲农业活动，接受农业技术知识的教育。

4. 农业博览园

利用当地农业技术、农业生产过程、农业产品、农业文化进行展示，让游客参观。如沈阳市农业博览园、山东寿光生态农业博览园。

（七）回归自然旅游模式

回归自然旅游模式是指利用农村优美的自然景观、奇异的山水、绿色森林、静荡的湖水，发展观山、赏景、登山、森林浴、滑雪、滑水等旅游活动，让游客感悟大自然、亲近大自然、回归大自然。

三、乡村振兴战略下乡村体验旅游创新发展思路

随着近年来旅游业的高速发展，乡村振兴战略下乡村体验旅游越来越成为当今旅游发展潜力巨大的一支新生力量，旅游业的竞争重心，也正逐步由基于价格的竞争转变为基于体验价值的竞争。乡村旅游因其具有更优良的体验感知特征而成为近 20 年旅游产业持续稳定的增长点，以体验为主导的乡村旅游开发研究成为人们关注的焦点。

（一）体验经济与乡村旅游开发关联性

对于旅游者而言，旅游产品是从背包外出旅游开始到再次回到家中这一时间段中的所

有经历的总和,而在这一过程中,旅游者消费的不是某些具体的产品或是资源,而是付出了自己的时间、情感及行动。从这个角度来看,旅游者需求的本质就是想获得一个独特、愉悦而又难忘的旅游体验。在体验经济的背景下,旅游企业经营的核心也不仅仅是提供某一产品或服务,而是为旅游者创造美好而快乐的回忆和体验。与传统旅游相比,体验旅游具有更大的优势。乡村旅游是以乡村地域和乡村风情为主要吸引物,吸引游客前往观光、学习及休息的旅游活动,其本质是向旅游者提供认识及体味农家生活的某种体验,由此可见,乡村旅游与体验经济之间有着天然的耦合性。

（二）乡村体验旅游开发的必要性

由于起步较晚,乡村体验旅游的开发目前还处于不发达阶段,尤其在实践中还存在着一些亟待解决的突出问题,主要表现在以下四个方面：

1. 项目开发普遍缺乏规划,同质化现象严重

我国乡村旅游项目大多投资及经营规模较小、组织形式分散,在乡村旅游开发过程中,许多地区对农业休闲文化还没有认真了解,便仓促地进行乡村旅游的开发,地方政府也缺乏具体的政策性引导及专项规划统筹。旅游产品要具有多元化与特色化的特点,只有这样才能满足游客个性化特色的体验要求。但由于进入门槛较低,很多地方为了追求经济效益,忽视对于市场的分析和规划论证,盲目开发。有的仅就现有农村景观资源略加修改而并未对旅游产品特色特点予以充分体现,从而极大地影响旅游产品的吸引力打造及游客的回访,不利于游客个性体验需求的满足。

2. 产品缺乏深层次开发,季节性显著

当前,国内许多乡村旅游产品缺乏与本土资源的深度挖掘与有效整合,忽视对传统乡村文化、宗教理念、社会组织、家庭关系、乡村建筑、生活方式、乡村节庆等旅游资源的有效利用,旅游产品开发深度不够。千篇一律的产品模式难以形成独特卖点及旅游吸引力,使得游客逗留时间短,消费支出受到抑制。另外,受自然气候影响,乡村旅游的季节性较为明显。旺季旅游者的过度集中会为旅游目的地带来环境以及设施上的较大压力,而在淡季又出现了大量的资源、设施闲置的情况。对游客而言,旺季旅游者过于拥挤,而淡季又找不到乡村旅游的吸引点,不能很好地享受乡村田园的农家生活。

3. 体验型活动项目较少,旅游者参与度不高

随着体验经济时代的到来,传统的旅游产品已经越来越难以满足不断变化发展的旅游者需求,人们参与乡村旅游的目的,除了进行传统农业观光,同时还希望借助各种体验型旅游产品更全方位、多角度地体验及感受乡村生活。由此可见,体验将是旅游者未来乡村旅游的主要动机之一，而体验型旅游产品的设计也将是乡村旅游可持续发展的一个重要方面。但就目前情况而言，绝大多数的乡村旅游产品开发还维持在初级阶段，更多的是依托现有资源优势对产品进行初级开发以满足旅游者需要，产品设计缺乏参与性及趣味性，旅游者的参与性不高。

4. 乡村旅游产品链不完善，旅游设施设备不足

旅游者在选择乡村旅游体验的同时，除了追求与城市居住环境不一样的青山绿水、田园风光，势必也会考虑游览过程中的各种基础配套设施，即"食住行游购娱"六要素：许多乡村旅游项目仍然停留在"吃农家饭、住农家屋、干农家活"的初级阶段，更有甚者误以为乡土设施越土、越旧越能吸引旅游者。在乡村旅游开发的过程中，某些元素的开发还略显滞后。如餐厅不满足卫生检疫标准，道路、停车场等达不到景区运营的标准，娱乐设施不足且缺乏特色等问题均成为直接影响游客综合体验的重要因素。

（三）乡村体验旅游开发的策略

1. 识别旅游资源，确定开发方向

首先，应对乡村旅游资源进行调研分析，并对其进一步地梳理分类；其次，针对乡村旅游资源进行评价，基于旅游资源评价的结果对资源进行适度的筛选、优化及整合，使乡村体验旅游开发具备相应的设计依据及物质依托，对于乡村旅游的评价可以从定性及定量两个角度做出评价方法。主要是景区须对自身既有的乡村旅游资源整体情况与其他景区做相应的比较分析，在此基础之上最终确定景区的相关特色和垄断资源定量的评价方法则可以考虑运用国标法，即依照旅游资源共有因子综合评价并系统赋分。其由系统评价项目及评价因子组成，评价项目由要素价值（从珍奇度、完整性、观赏游憩价值、规模丰度及历史文化价值等几方面进行评判）、资源影响力（从适游期、知名度、影响力几方面进行评判）、附加值（从环境安全及保护角度评判）等指标构成，评价项目及评价因子最终用量值来表示，根据旅游资源的实际情况分别对应予以赋分。

2. 细分旅游市场，明确客群定位

针对目标细分市场进行乡村旅游产品的设计及市场策略的制定，企业的经营才能更有针对性，才能为乡村旅游者留下更好的旅游体验。需要针对乡村旅游市场，按照旅游者的年龄、受教育程度、职业、收入、学历等指标，将客源市场按照相关标准进行分类。在市场细分的基础上，按照细分变量的特征，需要仔细深入地分析具有这种细分变量特征的旅游者的消费特征和消费习惯，并结合企业的竞争环境、乡村旅游经营者自身的竞争能力以及针对目标客群提供体验式旅游产品的难易程度，选择一个或多个目标细分市场，根据不

同细分市场的旅游者需求开展相应的乡村旅游体验活动。

3. 订制旅游产品，差异化营销策略

观光体验型产品营销策略，此类产品是需要旅游者借助观览来完成的旅游活动，游客与乡村旅游资源之间的交流是观赏，包括林地、湖泊、瀑布等自然生态景观，蔬菜、良田、果园等乡村田园景观以及耕作、灌溉等乡村农事活动等。

这类产品的开发主要针对期望回归自然的银发市场、学生市场、商务市场、婚庆蜜月市场等。在宣传产品的过程中须强调乡村旅游景区拥有哪些良好的生态环境，突出"绿色""生态""回归自然"，可采用广告促销和网络营销、旅游企业营销相结合的方式。针对学生及婚庆蜜月旅游市场可制作优秀的 DV 作品、摄影作品及微电影等，传达一种美好的旅游情怀和意念，在网上通过微博、微信、旅游门户网站、视频网站、社区论坛等媒介进行广泛传播，或与重要城市知名婚纱影楼合作，拓展景区作为婚庆及摄影的长期外景拍摄基地，赠送门票折扣券吸引拍摄照片的新人在景区旅游，并通过引导影楼及顾客在微博、微信等社交媒体上发布相关照片及文字的方式，为潜在目标客户获取景区信息提供便捷渠道。针对中老年旅游市场，增加宣传画册、明信片等营销工具的应用，在各大旅行社、酒店、商场、公园等位置散发。针对商务群体，可在繁华的街道、高档写字楼入口、机场、高速公路出入口等树立广告牌，展现乡村旅游景区的自然风光、生态美景；固定与几家大型的旅行社进行长期合作，给予适当优惠，将景区纳入其必游线路。也可考虑与携程等在线旅游网站开展相关合作，打破传统营销模式，实现对景区门票的电子化销售。与人气团购网站如美团、大众点评网等展开团购营销，将景区一日游、二日游等旅游线路实现限期团购营销，从而吸引大量游客。

4. 休闲体验型产品营销策略

对于旅游者而言，乡村旅游活动除了乡村景观的观光之外，还包括采摘、耕种、野营、漂流、拓展训练等户外体验活动，休闲体验型产品因其游客停留时间长、旅游活动松弛平和、重游率高等特点受到旅游市场的欢迎。

此类产品主要针对银发市场、文化市场、商务市场、自驾游市场、家庭自助市场等。针对偏好此类型旅游产品的旅游者在旅游过程中的节奏相对平和松弛，因此，在产品营销过程中应该主打"休闲""健康""养生""闲适""雅致生活""乡村度假"等主题。同时了解旅游者需求，根据旅游者实际需求组合整体产品，如推出家庭乡村度假套餐、白领乡村度假套餐、中老年乡村度假套餐。另外，须结合乡村特色旅游资源并以此为基础开发大型主题节庆活动，以此开发旅游产品一年四季的价值，并通过新闻媒体曝光吸引游客关注，提高乡村旅游景区的品牌知名度。针对老年客群，可选择他们比较习惯接触的媒体如

电视、报纸、广播等进行景区的宣传报道,如可考虑通过电视的旅游频道以图文并茂的方式宣传景区,同时还要注意与当地老年组织保持较为紧密的联系,争取他们的支持和配合。针对家庭旅游客群,借助社区便利店、美发店、洗车行、城市公园、照片冲印店等场所设立售卖点,扩大产品销售;与知名户外俱乐部进行广泛合作,挖掘自驾车客源市场。

5. 文化教育体验型产品营销策略

偏好此类产品的旅游者一般都具有较高的文化修养,有较高层次的旅游需求及文化追求,他们外出旅游的目的除了观光和休闲外,更多的是希望能够在旅游的过程当中获取知识、有所学习。

因此,此类产品的针对性也较强,主要针对文化市场、学生市场等。在宣传此类产品时,应该主要强调景区深厚的文化底蕴,强调乡村旅游地丰富的历史遗存和人文景观,可针对客群特点开发主题文化游,如"名人主题游""历史文化怀古游""乡村探秘游""寻找乡村的记忆之旅"等,以增强对专项市场的吸引力。举办文化研讨、考察及文化名人对谈活动,邀请文化研究机构、民间艺术家、文化协会、资深宗教人士等开展定期考察、学习及文化交流活动,使乡村旅游目的地成为国内专业人士关注地及文化旅游的重要目的地;开展竞赛营销,组织以乡村文化为主题的竞赛,诸如赛诗、赛文章、摄影、乡村文化研究等,借助主流媒体新闻报道,吸引游客光顾旅游。

第二节 乡村振兴战略与田园综合体

一、田园综合体及特点

(一)田园综合体概述

1. 田园综合体的提出背景

2017年2月5日,"田园综合体"作为乡村新型产业发展的亮点措施被写进中央一号文件,原文如下:"支持有条件的乡村建设以农民合作社为主要载体、让农民充分参与和受益,集循环农业、创意农业、农事体验于一体的田园综合体,通过农业综合开发、农村综合改革转移支付等渠道开展试点示范。"

经济发展进入到新的阶段后,在不同发展时期,需要做好文件处理工作,以政策引导作为基础,现代化农业取得突出的进步,基础设施不断改善,以产业规划和布局为前提,需要了解市场的实际发展需求，根据市场发展空间以及扩展情况可知，要明确改革的后续要求。长期以来，都市农业发展侧重于农业发展的各个方面，考虑到产业的优势，要做好复杂的系统处理工作，提前进行治理，使其满足应用要求。在新的发展形势下，田园综合体应运而生，要创新路径，实现整体进步。

2. 田园综合体的核心内涵

田园综合体是集农业、休闲和旅游等为一体的一种发展模式，田园综合体符合现代化发展要求，根据实际布局和应用情况可知，在各个发展过程中，要严格按照流程要求实施，实现田园综合体的进步。

田园综合体以企业和地方方式作为基础，考虑到农村合作社以及其他载体等要求，农民要积极参与到其中，在乡村社会整体分析过程中，提前进行规划和处理，此外兼顾到运营、开发以及农业等模式要求，必须做好概念分析工作。田园综合体是结合乡村地域空间的概念，考虑到农业、农村用地等要求，复合化处理是关键。在各个园区要明确产业融合要求，不断促进经济转型。田园综合体是跨产业和功能性的综合载体，根据项目的应用要求可知，在多功能以及多业态分析阶段，必须明确产业和功能分区的要求，做好集聚工作，提升综合效益。

（二）田园综合体的特点

1. 功能复合性

产业经济结构多元化，由单一产业向一、二、三产业联动发展，从单一产品到综合休闲度假产品开发升级，从传统住宅到田园体验度假、养老养生等为一体的休闲综合地产的土地开发模式升级。在一定的地域空间内，将现代农业生产空间、居民生活空间、游客游憩空间、生态涵养发展空间等功能板块进行组合，并在各部分间建立一种相互依存、相互裨益的能动关系，从而形成一个多功能、高效率、复杂而统一的田园综合体。而现代农业无疑是田园综合体可持续发展的核心驱动。

2. 开发园区化

田园综合体作为原住民、新移民、游客的共同活动空间，在充分考虑原住民的收入持续增收的同时，还要保证外来客群源源不断地输入，既要有相对完善的内外部交通条件，又要有充裕的开发空间和有吸引力的田园景观和文化等田园综合体做成的方式、选址方式、产业之间关联度、项目内容如何共存、要有并行；运营模式、物质循环、产品关联度、品牌形象都需要考虑。

3. 主体多元化

田园综合体的出发点是主张以一种可以让企业参与、城市元素与乡村结合、多方共建的"开发"方式，创新城乡发展，促进产业加速变革、农民收入稳步增长和新农村建设稳步推进，重塑中国乡村的美丽田园、美丽小镇。一方面强调跟原住民的合作，坚持农民合作社的主体地位，农民合作社利用其与农民天然的利益联结机制，使农民不仅参与田园综合体的建设过程，还能享受现代农业产业效益、资产收益的增长等；另一方面强调城乡互动，秉持开放、共建思维，着力解决"原来的人""新来的人""偶尔会来的人"等几类人群的需求。

二、乡村振兴战略下田园综合体发展要求

乡村振兴战略下田园综合体的发展和管理是个复杂的过程，在发展阶段，针对当前存在的各类问题，要突出实际优势。

（一）打造现代化农业示范基地

现代化生态农业示范基地的建设是个复杂的过程，考虑到区域的概况，要做好配套设施落实工作农业种植园和园林景观等需要结合在一起，按照流程进行。例如，蔬菜种植园和果树种植园等要配备鱼塘和水池等、注重农业种植和园林景观的融合和进步。此外，以渠道建设为例，具备现代化灌溉技术，在不违背国家土地管理规定的前提下进行，主体建筑可以选择架空结构。蔬菜培养阶段，提前保护耕地，主体建筑可选择架空结构，直接应用到农业生产中。现代化生态农业示范基地以科学技术为核心。如何做好推广是重点，要注意可循环低碳生产模式的有序应用。在基地建设过程中提前进行规划和指导，考虑到采摘以及整个应用要求，要让受众感受到田园风光和农业魅力，提升整体价值，保证产业生态更有活力。

（二）注重高科技元素的应用

和普通的农业结构相比，现代化生产管理是关键。在实施阶段引进高校、科研所培育的品种，以高科技空间预设为前提，可以采用光伏电板发电，一体式种植机、植物墙、垂直多层水培种植蔬菜，增加土地利用面积和种植面积，提高土地利用率以一体化管理作为基础，需要实现浇水和施肥的自动化，节省劳动力。高校和科研院校要建立战略合作关系，充分利用高校、科研院所等创新资源。以校企科技平台建设为基础，成立科研中心队伍，打造以农业专家、科学家作为主体的科研技术团队，在科技成果孵化管理中，要做好技术辅导工作，成立专门的工作站，整合资源，提前进行研发处理，满足实际要求。

（三）提升农民综合能力

现代化农业基地建设对从岗人员的综合能力有一定的要求，在实施过程中要做好观念和理念预设工作，以技术职能指导和管理方式落实等为前提，采用新设备和新工艺等，能满足实际工作要求。现代化农业基地建设需要高素质的技术人员，在操作过程中提供更多的技术，满足农业发展要求，促进整体进步。

（四）建立多元化模式

以现代化农业基地建设为前提，要打造观赏农田，在区域规划和预设过程中，乡村振兴战略下田园综合体保持田园特色。此外，在基础保证设施建设中，实现现代化居住功能，以城市和乡村人员的整体化管理为例，城区居民和农民等统一参与到项目中，在实践中相互了解和交流，不断促进农业产业升级，让农民充分收益，增加整体收益。

三、乡村振兴战略下田园综合体构建

（一）乡村振兴战略下田园综合体发展模式的背景

1. 经济新常态下，农业发展承担更多的功能

当前，我国经济发展进入新常态，地方经济增长面临新的问题和困难，尤其是生态环境保护的逐步开展，对第一、二产业发展方式提出更高的"质"的方面要求，农业在此大环境下既承担生态保护的功能，又承担农民增收、农业发展的功能。

2. 传统农业园区发展模式固化，转型升级面临较大压力

农业发展进入新阶段，农村产业发展的内外部环境发生了深刻变化，传统农业园区的示范引领作用、科技带动能力及发展模式与区域发展过程中条件需求矛盾日益突出，使得农业园区新业态、新模式的转变面临较多的困难，瓶颈明显出现。

3. 农业供给侧改革，社会资本高度关注农业，综合发展的期望较强

经过10余年的中央一号文件及各级政策的引导发展，我国现代农业的发展迅速，基础设施得到改善，产业布局逐步优化，市场个性化需求分化，市场空间得到拓展，生产供给端各环节的改革需求也日趋紧迫，社会工商资本也开始关注并进入到农业农村领域，对农业农村的发展起到积极的促进作用。同时，工商资本进入该领域，也期望能够发挥自身的优势，从事农业生产之外的二产加工业、三产服务业等与农业相关的产业，形成一、二、三产业融合发展的模式。

4. 在新土地政策影响下，须寻求综合方式解决发展问题

随着经济新常态，国家实施了新型城镇化、生态文明建设、供给侧结构性改革等一系列战略举措，实行建设用地总量和强度的"双控"，严格节约集约用地管理。先后出台了《基本农田保护条例》《农村土地承包法》等，对土地开发的用途管制有非常明确的规定，特别是《国土资源部农业部关于进一步支持设施农业健康发展的通知》的发布，更是将该要求进一步明确，使得发展休闲农业在新增用地指标上面临着较多的条规限制。

综上所述，现阶段，传统农业产业园区发展思路已经不适合新形势下的产业升级、统筹开发等要求，亟须用创新的方式来解决农业增效、农民增收、农村增绿的问题，乡村振兴战略下田园综合体就是比较好的创新模式之一。

（二）乡村振兴战略下田园综合体的建设意义

近年来，国内休闲农业与乡村旅游热情正盛，而乡村振兴战略下田园综合体作为休闲农业与乡村旅游升级的高端发展模式，更多体现的是农业园区的发展思路，是将农业链条做深、做透，未来还会将发展进一步拓宽至科技、健康、物流等更多维度，未来很长一段时间，"农业园区"的田园综合体模式将会大放异彩。乡村振兴战略下田园综合体的出现，是伴随现代农业发展、新型城镇化、休闲旅游而发展起来的"农业文创新农村"开发的新模式，是一种大势所趋，它是区域经济社会和农业农村发展到较为发达新阶段的产物，是中国农业新跨越的创新载体，其重要意义可归结为以下几个方面：

1. 乡村振兴战略下田园综合体是资源优化配置的"驱动器"

以乡村振兴战略下田园综合体建设为契机，整合土地、资金、科技、人才等资源，促进传统农业转型升级。

（1）创新土地开发模式

乡村振兴战略下田园综合体保障增量、激活存量，解决现代农业发展的用地问题。2017年中央一号文件专门强调提出，要完善新增建设用地的保障机制，将年度新增建设用地计划指标确定一定比例，用于支持农村新产业、新业态的发展，允许通过村庄整治、宅基地整理等节约的建设用地，通过入股、联营等方式，重点支持乡村休闲旅游、养老等产业和农村三产融合的发展。

（2）创新融资模式

乡村振兴战略下田园综合体解决了现代农业发展、美丽乡村和社区建设中的钱从哪儿来和怎么来的问题。经济社会发展必须都要有经济目标，工商资本需要盈利、农民需要增收、财政需要税收、国内生产总值需要提高，多主体利益诉求决定了田园综合体的建设资金来源渠道的多样性；同时又需要考虑各路资金的介入方式与占比，比如，政府做撬动资金，企业做投资主体，银行给贷款融资，第三方融资担保，农民土地产权入股等，这样就形成田园综合体开发的"资本复合体"田园综合体需要整合社会资本，激活市场活力，但要坚持农民合作社的主体地位，防止外来资本对农村资产的侵占。

（3）增强科技支撑

科技是现代农业生产的关键要素，同时还是品质田园生活、优美生态环境的重要保障，全面渗透、支撑田园综合体建设的方方面面。为降低资源和环境压力，秉持循环、可持续发展理念，以科技手段增强对生态循环农业的支撑，构建农居循环社区，在确保产业发展、农业增收的条件下，改善生态环境，营造良好的生态居住和观光游憩环境。

在乡村振兴战略下田园综合体里面，科技要素的关键作用已经由现代农业园区生产力提升的促进剂，转变为产业融合的黏合剂，这是科技地位本质性改变的地方传统的科技，是促进生产效率提升，产品质量和效益提高，现代的科技是能够促进业态效率提升和业态融合，如物联网技术的应用，降低生产成本、提高生产效率的同时，更能促进与消费者之间的互动，有助于建立良好的信任关系，因而从这个意义上说，科技的出发点和要素作用已经发生了改变。

（4）促进区域经济主体的利益联结

通过乡村振兴战略下田园综合体模式，解决几大主体之间的关系问题，包括政企银社研等不同主体，以往的农业园区只能解决其中 2~3 个主体之间的关系，现在通过复合体的利益共享模式结构，将关系完全捆绑融合到一起。

2. 乡村振兴战略下田园综合体是产业价值的"放大器"

田园综合体模式强调其作为一种新型产业的综合价值，包括农业生产交易、乡村旅游休闲度假、田园娱乐体验、田园生态享乐居住等复合功能。田园综合体和现代农业、旅游产业的发展是相辅相成的。

农业生产是发展的基础，通过现代高新技术的引入提升农业附加值；休闲旅游产业需要与农业相融合，才能建设具有田园特色的可持续发展的休闲农业园区；休闲体验、旅游度假及相关产业的发展又依赖于农业和农副产品加工产业，从而形成以田园风貌为基底并融合了现代都市时尚元素的田园社区。田园综合体做的是现代农业、加工体验、休闲旅游、宜居度假，并作为新型城镇化发展的一种动力，通过新型城镇化发展连带产业、人居环境发展，使文化旅游产业和城镇化得到完美的统一。

3. 乡村振兴战略下田园综合体还是城乡统筹发展的"交响曲"

在不同的发展阶段，生产要素的关键地位会不断变化；采用田园综合体的发展模式，生产要素及其余产业的关系更加重要，所以，问题必须从生产力要素的问题转向生产关系的问题，自逐步确立的统筹城乡发展，工业反哺农业、城市支持农村，建设社会主义新农村，城乡经济社会发展一体化等一系列重大举措，标志着我国的城乡关系进入了一个新的历史阶段。然而这种城市带动乡村、乡村城市化等模式，背后隐含着的主导思路依旧是城市处于绝对主导地位，而乡村的本体地位、能动作用往往处于次要位置。

乡村振兴战略下田园综合体，以乡村复兴为最高目标，让城市与乡村各自都能发挥其独特禀赋，实现和谐发展。它以田园生产、田园生活、田园景观为核心组织要素，多产业多功能有机结合的空间实体，其核心价值是满足人们回归乡土的需求，让城市人流、信息流、物质流真正做到反哺乡村，促进乡村经济的发展。从城乡统筹发展的视角出发，打破城市和乡村相互分隔的壁垒，逐步实现城乡经济和社会生活紧密结合与协调发展，逐步缩小城乡差距，使城市和乡村融为一体，而乡村振兴战略下，田园综合体正是形成城乡经济社会一体化新格局的重要载体。

（三）乡村振兴战略下田园综合体建设的路径

1. 建设定位上，突出绿色发展、乡土文化

强调绿色的农业生产生活方式，建设生态文明的田园综合体。在充分挖掘当地资源优势和文化特色的基础上，注重保护自然环境，强调绿色发展。资源利用方式从粗放型转变为经济型、集约型和环境友好型，使得农村质量与当地环境功能区相对应，让居民共享城乡融合发展和美丽乡村成果。同时，结合美丽乡村建设和乡村振兴战略，采取自上而下的顶层设计和自下而上的逐步推动，通过建设原生态自然环境、独具特色的建筑风格、较为完善的基础设施建设等推动建设"一村一品"特色村，形成各具特色的田园综合体。

为此，要重视文化在田园综合体和美丽乡村建设中的重要作用，深入挖掘当地的传统历史文化，包括物质文化遗产和非物质文化遗产，以及民俗民艺，打造乡村文化艺术活动及文化艺术节，提高田园综合体的文化内涵。将绿色发展和文化创意融入一、二、三产业融合和"三生"同步过程中，将农村传统文化、民俗民艺与农业技术、农事活动结合起来，发挥产业价值的乘数效应，使之真正成为农民安居乐业的美丽家乡、城市人们向往的世外桃源。

2. 建设内容上，重点推进一、二、三产业融合与"三生"同步发展

在田园总体的建设过程中，要围绕农业田园综合体的建设理念、功能区域和主要模式，重点推进农村一、二、三产业融合发展和生产生活生态同步发展。为此，需要从以下几个方面发力：

（1）搭建田园综合体发展平台

遵循创新、协调、绿色、开放、共享的发展理念，采取绿色集约可持续发展的开发方式，集约化利用农业土地，加强综合体内部的"田园+农村"基础设施建设，健全水电路建设和污水废弃物处理系统，建设良好的新时代乡村风貌。

（2）加快培育新型农业经营主体

田园综合体是依托农业合作社发展的，因此，田园综合体的建设离不开新型农业经营主体。为此，要加快职业农民培训，充分发挥返乡创业农业转移人口的才能，通过土地流转、股份合作等方式促进农业适度规模经营，逐渐形成大中小型田园综合体同步发展的态势。

（3）完善田园综合体的服务功能

田园综合体集循环农业、创意农业、农事体验于一体而形成的宜居宜业特色村镇。为此，要不断完善生产、加工、消费和服务体系，建设适应市场消费者需求的公共服务平台，聚集现代生产要素和主体资源，促进城乡一体化融合发展。

3. 实施路径上，充分发挥政府和市场机制作用，完善体制机制

乡村振兴战略下田园综合体建设内容丰富，覆盖全面，对资金、土地、科技、人才等要素的需求较大，要坚持以政府投入和政策支持为方针，充分发挥市场在资源配置中的决定性作用，更好地发挥政府的作用，从自上而下的规划引导和自下而上的推动实施出发，激发田园综合体建设的内生动力和创新活力。

（1）多方主体共同发力

作为推进城乡融合发展及乡村振兴的田园综合体，需要各级政府、企业、新型经营主体和农户共同参与建设。其中，政府通过顶层设计及颁布政策为田园综合体建设提供规划和引导，企业和村集体组织通过规划设计形成具体的建设方案和推进措施，并提供物质保障，合作社和农户则参与具体的建设过程，充分发挥其主体作用，并形成良好的利益分享机制。

（2）在资金投入上，改进财政资金投入方式

调整财政资金投入结构。综合考虑运用农业财政补助、贴息、基金担保、风险补偿金等多种方式，支持规划建设方案合理的田园综合体发展，在前期规划审核、中期进展检查和后期项目验收阶段提供不同比例的财政支持，提升财政资金使用效益和使用质量。同时，充分利用公私合营融资和社会资本，为田园综合体建设输入资金。

（3）创新土地开发模式

充分利用合作社、家庭农场等新型经营主体及现有休闲农业、观光农业的资源条件，

引导有意愿的主体参与田园综合体建设，完善新增建设用地的保障机制，在保护现有耕地的基础上适当开放用地资源，允许村庄通过整治土地、土地入股等方式支持田园综合体建设，探索解决田园综合体建设用地问题。

(4) 完善科技人才和服务支撑体系

田园综合体建设作为一种新型现代化乡村发展模式，其发展离不开科技支撑。为此，需要通过加大科技资金投入力度、提高农业技术人员比重、优化农业技术服务体系结构等方式，提高科技服务人员的质量和水平。坚持市场在资源配置中的决定性作用，更好地发挥政府作用，使田园综合体建设走上良性发展的道路。

第三节　乡村振兴战略下智慧乡村特色小镇发展

一、智慧乡村旅游与特色乡村小镇

(一) 智慧乡村旅游概念的界定

1. 智慧化

智慧是智力因素的综合体现，是随着各种知识和技能不断积累，综合素质得到不断提升的一种能力。简而言之，智慧即是指在面对某事物时，能够迅速、灵活、正确地理解并予以解决的一种能力，是人们在现实生活中赖以生存所必须具备的基础前提条件。

智慧化是在智慧的基础上向外扩展延伸出来，其内涵已不仅限于智慧的含义。这里的智慧化是指通过利用各种现代科学技术，使某事物在其某种功能方面实现全面自动化和智能化。如某一物业管理产业利用新一代的信息技术使某个小区在规划和管理、资源分配、服务等方面实现全面自动化时，物业管理产业的发展基本上也就实现了"智慧化"发展；图书馆通过利用新的信息技术，实现功能升级，能够达到一次服务的同时做多件事情或是多次服务只做一件事情，关注整体效果和效益，在决策、管理和服务等方面实现全面自动化。这时，可以说图书馆踏出了向智慧化发展的关键一步。而当乡村旅游的发展通过各种现代科学技术全面达到了感知自动化、信息数字化、信息传播网络化、服务自动化、管理智能化和决策智慧化的程度时，即可称之为乡村旅游实现智慧化发展。

2. 智慧乡村旅游

智慧旅游是一种将物联网、云计算、下一代通信网络、高性能信息处理、智能数据挖掘等技术应用于游客感知、行业管理、旅游产业发展等方面，使旅游物力资源和信息资源得到高度系统化整合和深度开发，并服务于游客、旅游企业、政府管理部门等面向未来的全新的旅游业态。乡村旅游智慧化就是将智慧旅游运行过程中所使用到的新技术对乡村旅游进行有效嫁接之后的一种新型的乡村旅游方式，是对乡村旅游未来发展方式的一种全新的升级。

通过对乡村旅游和智慧旅游的定义进行详细的分析、理解，将两者进行有效的结合，对乡村旅游智慧化的概念给出了一个全新的定义，即通过智慧的乡村旅游管理平台，利用物联网、云计算、RFID等高端技术，借助感知系统主动感知、识别、判断并及时发布有关乡村旅游资源、活动、旅游者等各方面的乡村旅游信息，全面实现乡村旅游从管理、营销到服务的整个运营过程的自动化和智能化，使游客的旅游需求得到满足。同时，也为乡村旅游景区、相关旅游管理部门以及乡村旅游企业在监督、管理和发展方面提供便利的一种全新的乡村旅游方式，乡村旅游智慧化也可简称为智慧乡村旅游。

（二）特色乡村小镇概述

1. 美丽乡村的内涵

"美丽乡村"不仅仅体现为外在美，更注重发展的美。"美丽乡村"定义为经济、政治、文化、社会和生态文明相互协调发展，做到规划科学、生产发展、生活宽裕、乡风文明、村容整洁、管理民主，符合宜居、宜业的可持续发展的乡村（包括建制村和自然村）。

2. 特色小镇的内涵

特色小镇并不是行政区域意义上的一个镇，也不是类似产业园区的一个区域的划分。特色小镇的定义是按照创新、协调、绿色、开放、共享发展理念，根据地区的优势和特色融合产业发展、文化内涵、旅游、社区功能的创新创业发展，是一种将"产、城、人、文"四位一体有机结合的重要功能平台。

3. 美丽乡村和特色小镇的协同性

特色小镇某种意义上可以说是美丽乡村升级，无论是在模式、体量、逻辑上看起来和美丽乡村有很大的不同，但追溯本源，却能够发现二者的很多相通之处。特色小镇的发展是借鉴与美丽乡村的发展经验，融合科技和创新，建设成以产业为依托的聚合区域，相比美丽乡村在很多地方都有了创新和发展。随着多地特色小镇的建设获得了极大的成功，特色小镇又成了美丽乡村借鉴的范本，二者在不断吸收融合的过程中获得了更好的发展。

（1）乡村文化特征主要靠特色小镇表达

美丽乡村的建设往往要依托一些具有特色的景观和文化，实际上这也是一种"特色小镇"的体现。随着乡村的发展和建设，传统的乡村景色和乡村文化也发生了很大的改变，因此，体验乡村美景和文化的方式也都需要进行相应的改变，需要借助一些物质文化进行表达。从而让观光旅游的游客和企业能够更加直观地体会乡村特色。

（2）乡村旅游资源依托特色小镇延伸

很多地方在建设美丽乡村时没有进行统一的规划，导致很多乡村旅游是分散的，这样不仅不利于管理，也不容易形成规模。在资源整合方面就可以借鉴特色小镇，因为特色小镇通常能够将具有相同特色和类型的产业结合起来，并形成一定的规模，这样更利于小镇长远发展。

（3）乡村创业平台依托特色小镇发展

通过融合特色小镇，还能够有效解决当地乡村农民返乡创业及就业问题，可以通过创建乡村或社区创业服务社的方式，为有创业意愿的年轻人和返乡工作的年轻人搭建创业平台，提供一定的资金和技术支持，带动乡村经济更好发展。

二、乡村振兴战略下智慧乡村特色小镇发展举措

（一）乡村振兴战略下智慧乡村特色小镇的内涵

乡村振兴战略下智慧乡村特色小镇在广义上指乡村特色小镇的全方位信息化，即通过建设宽带多媒体信息网络、地理信息系统等基础设施平台，整合小镇信息资源、建立电子政务、电子商务、劳动社会保险等信息化社区，共享信息化资源，逐步实现小镇国民经济和社会的信息化。建设内容主要包括智慧政务、智慧民生与智慧产业，其中，智慧政务涵盖智慧监察、电子政务、智慧执法、政府热线、智慧城管、应急系统、平安城市等；智慧民生涵盖智慧农业、智慧医疗、智慧社区、智慧教育、智慧商务等；智慧产业涵盖智慧环保、智慧物流、智慧旅游、指挥交通、智慧金融等。

国内特色小镇发展之风盛行，但智慧乡村特色小镇建设尚未有一个统一的整体规划、建设标准等，很多智慧乡村特色小镇建设处于探索阶段，智慧乡村特色小镇建设涵盖方方面面，涉及领域众多，智慧乡村特色小镇的建设不是机械的"功能相加"，最关键的是功能融合，使小镇成为有山有水有人文特色的宜居、宜业、宜游的人居创业福地。

（二）乡村振兴战略下智慧乡村特色小镇的建设方案

从智慧家庭到智慧社区，再到智慧小镇，智慧已成为一个城市、一个乡镇、一个社区的名片，而智慧平台的建设是一个涉及多种技术、应用于多个领域、服务于多个对象的多维立体的复杂系统。搭建一套合理的智慧解决方案，是最终实现乡村振兴战略下智慧乡村特色小镇科学、高效、和谐、便捷发展的基础。

1. 建设内容

在实现智慧小镇的解决方案和建设内容上，本文推荐围绕智慧民生、智慧政务与智慧产业，合理化顶层设计、完善智慧应用、搭建公共基础与信息化基础平台等几个要素，以达到智慧平民化、普及化、科技化、效能化的目的。

（1）顶层设计

顶层设计没有一个固定的构架，做到合理实效、因地制宜才是科学的，顶层设计要充分考虑政府主导与市场主导两个要素。政府主导是指政府部门必须依据城市发展方向、发展目标，结合城市规划及城市定位，并经充分市场调研及技术论证后，有选择地架构顶层设计内容，如城市管理、公共服务、社会管理、市场监管等。而市场主导是指在法律法规及相关政策规范下，依据顶层设计架构内容，打造相应的公共应用支撑平台及公共信息基础设施，以满足社会信息化应用及企业信息化应用等要求。融合政府主导与市场主导，以实现问题、业务及目标三个导向，实现高效决策、便捷服务、统筹集约及精细管理四大目标。顶层设计首先要有合理的目标体系，对每一个具体目标的价值，目标之间的关联，是否有可行性及什么先做、什么后做等做了细致的分析，从全局的视角出发，对整个架构的各个方面、各个层次、各种参与力量、各种正面的促进因素和负面的限制因素进行统筹考虑，以避免出现工程技术可行而目标设计不合理的现象。

（2）智慧应用

民政之间、民企之间、企政之间信息对称、信息互通、信息共享才能让智慧应用得以生存推进，所以，在智慧小镇的建设过程中要着重树立面向场景的、微小的、能解决实际问题的智慧应用；通过实现业务系统的信息资源共享与交换，以数据获取和整合为核心，来推动各职能部门基础数据的统一管理。

（3）信息化基础设施建设

乡村振兴战略下智慧乡村特色小镇建设的关键是信息化基础设施，在基础设计的建设过程中，我们的解决方案是本着技术合理、适度超前的原则，优先建设通信网络、感知网络、数据中心以及覆盖整个小镇的便民服务终端网络。

（4）公共基础平台建设

要适当以现有的信息系统与资源为基础，统筹规划，推进统一的信息支撑平台建设。一要延伸信息网络，发展面向城乡居民一体化的信息系统，建立健全公共资源共享服务体系；二要建设完善、便利、快捷的民生服务体系；三要推进信息化在城镇管理和特色产业发展中的应用，同时开展面向基层政府和部门的乡镇电子政务应用。

2. 建设方案与功能体系

根据对项目的理解及建设方对项目的定位与需求，在方案设计中，最终形成的架构模式为：以智慧旅游为主线，建设一个标准数据库，打造三大功能平台，推出 17 个应用系统的智慧乡村特色小镇方案。

（1）标准数据库建设

在镇政府数据中心建设一个服务全镇可扩展的标准基础数据库。

（2）打造智慧民生服务平台、智慧产业平台、智慧政务管理平台

①智慧民生服务平台。智慧民生整体架构分为基础设施层、网络传输层、信息资源层、应用支撑层、应用层和渠道层 6 个层面，同时包含管理体系和安全体系两大保障。采用村级（社区）采集，集中式管理方式，构建镇村级数据处理中心，将涉及民生服务领域的信息化服务延伸至村级，消除镇村（社区）信息孤岛，实现省—市—县—镇—村（社区）信息化的有效对接，融入国家信息化网络"大动脉"，打造公共服务共享化网络体系。

以智慧教育为例：智慧教育打造的是以互联网、物联网为基础的智慧化校园工作、学习和生活一体化环境，以各种应用服务系统为载体，将教学、科研、管理和校园生活进行充分融合。教育智慧终端为广大师生提供综合信息服务平台，展现校园风采文化，实现教务政务管理，融合创新网络科研内容。

②智慧产业平台。与传统产业相比，智慧产业更强调智能化，包括研发设计的智能化、生产制造的智能化、经营管理的智能化、市场营销的智能化等。智慧产业是智力密集型产业、技术密集型产业，在生产、管理过程中有效运用物联网、射频、互联网等技术，提高资源的综合利用水平，通过产销体系的信息化，降低农户（企业）生产运营成本，提高产品竞争力，有效增加农民（企业主）的收入，增强预防和应对自然灾害的能力，实现村镇经济健康发展。

以智慧旅游为例，乡村振兴战略下智慧乡村特色小镇的建设主线是旅游，以旅游带动产业，智慧旅游主要依靠云计算、物联网等新技术，通过互联网/移动互联网，借助便携的终端上网设备，主动感知旅游资源、旅游经济、旅游活动、旅游者等方面的信息。智慧乡村特色小镇旅游的推广，将提升旅游者在食、住、行、游、购、娱等每个旅游消费环节中的附加值；旅游者在旅游前、旅游中、旅游后，都能轻松获取资讯、规划出行、预订票务、安排食宿、消费支出等，极大改善旅游体验。使得旅游从单纯的信息管理走向以服务为本的协同一体化服务，做"四上"（到手上、桌上、车上、路上）全程服务，最终形成以公众服务为核心的一体化景区智慧中心。

③智慧政务管理平台。传统城市和政府是按业务、管理职责分别设定的，各个部门各司其职，城市基本运行数据孤立地存在于不同的"烟囱"中，通过智慧政务平台的建设，实现信息资源共享，全面推动电子政务应用，打造"政务公开、联网审批、责任追溯、智

慧决策"的智慧型、服务型政府,从而提高政府的执政能力和服务水平。具体实施方案功能如下:

第一,一站式服务:全面整合政府门户及下属单位子网站的信息资源,从全考虑,实现有序互联、有效共享,政府各部门通过重置流程及资源,为市民及公司提供便捷、优质、低成本的服务。

第二,互动沟通:增加创新的沟通渠道,提供市民与政府、企业与政府之间互动交流的平台机制,树立一个公平、公正、公开,并且响应快速、高效的政府形象。

第三,并联审批:政府各联网部门实现数据整合和信息资源共享,对政府工作流程进行优化和改造,以标准化服务的方式实现各类跨部门的联动业务,提高政府办事效率。

第四,权力监管:利用网上行政监察和法制监督系统对"服务"的治理,对行政执法信息公开的程度和执行效率进行监督,确保行政行为依法、透明、廉洁、高效运行。

第五,政务智能:智能化提取行政业务数据,指导业务决策和政策推行。

第四节 乡村振兴战略下抱团取暖型"共享农庄"研究

一、抱团取暖型"共享农庄"发展理念

(一)"共享农庄"基本概念

共享农庄是以农民专业合作社、农村集体经济组织等为主要载体,以各类资本组成的混合所有制企业为建设运营主体,以信息技术为支撑,以农业和民宿共享为主要特征,通过"互联网+现代农业"技术建设集循环农业、创意农业、农事体验、服务功能于一体的农业综合经营新业态。

"共享农庄"是共享经济的一种新形态,是共享经济在农业经济领域的表现形式,其本质是弱化"拥有权"、强化"使用权"的共享型农业生产和消费模式。即把共享理念带到农村经济发展中去,重新整合农业闲置资源、农业生产者、农业消费者之间的关系,打造共享的农业生产、流通、消费模式。通过移动互联网等信息技术,构建共享农庄查询与交易平台,让城市居民"租赁"到农场中的土地,以家庭为单位共享土地的绿色产物和劳作模式,并以此为突破口,充分利用农村的自然景观、田园风光、乡土文化等资源,带动乡村民俗、创客空间、户外运动、自然教育等新型业态发展,推动三产融合发展和美丽乡村建设。

（二）"共享农庄"核心要素

共享农庄也包括五个核心要素，即农业闲置资源、可转移的使用权、扁平化运维、信息共享和高速流动性。

1. 农业闲置资源

农业闲置资源是开发共享农庄的基本前提。随着我国城镇化的快速推进，农村劳动力大量转移至城市地区，使农村土地、房屋、生产设备等闲置资源增多，大量土地撂荒、屋舍破败、设备老化，不仅不利于美丽乡村建设，也无法为这些资源的潜在需求者所利用，造成极大的浪费，农业闲置资源为共享农庄建设提供了基本资源禀赋，而共享农庄发展模式则为限制资源效益转化、改善供需结构性不匹配提供了可行途径。

按照要素禀赋的类别，农业闲置资源可以分为三类，分别是土地、劳动力与农业设备；按照土地附着物和产出品类别，土地又可分为基本农田、果园、林地、鱼塘、屋舍等不同类型。

共享农庄发展要求共享的资源信息透明、公开、共享，其市场交易行为属于卖方市场，因此，闲置农业资源必须具有较高品质，能够保证土地产出的农副产品具有较高质量，屋舍具有特色风情、舒适性，否则将无法吸引消费者购买和消费。

2. 使用权转移

农业闲置资源的使用权可转移至农业消费者。

土地使用权的转移表现为可直接有偿提供给农业消费者使用，也可以是消费者虚拟占有土地使用权，而最终获得土地产出或享受居住权的形式。因此，此处的土地"使用权"转移主要从土地最终使用的环节考虑，即"使用权"转移到消费者，而非一般意义上的农民土地承包的流转。

劳动力使用权的转移是消费者在一定期限内雇用农村劳动力参与农业生产，并支付给受雇者一定经济报偿的行为；同样，设备使用权的转移是消费者租赁农业生产设备从事农业生产并支付给设备所有者租金的行为。

3. 扁平化运作

节约中间交易、流通环节。通过信息化平台，消费者与土地承包经营权拥有者直接沟通交易，使用权拥有者本身即是消费者，也可以成为实际生产者，实现产出与消费直接对接和"所见即所得"的生产消费模式，大大减少流通环节、降低空间距离影响。

4. 信息共享

利用互联网直接跨接农业资源与消费者，实现信息的完全公开、透明、共享。一是闲置农业资源及特色产出的信息共享，消费者可以充分获得资源信息，并以此决定是否购买服务；二是农业生产过程的完全可视化，不受时间、空间限制而能随时查看，实现所见即所得；三是消费者对闲置农业资源、所雇农民、托管服务、产出品的品质等评价完全公开、可见，对共享农庄的生产过程进行全程在线监督，对产品可溯源追踪，促使其保持服务品质，形成循环、闭合的发展模式。

5. 快速流动性

资源使用权可事先约定时限，到期后使用权可收回继续出售给他人，使用权的转移具有时间短、频次高的特性。根据农业产出的周期特点，可按季度、年度出售，一般转移时间间隔为数月到数年。

二、"共享农庄"现代价值

1. 发展"共享农庄"，是解决农产品滞销、价格波动问题的有效手段。例如，海南农产品滞销问题发生频繁、涉及面广。究其原因，除两广地区反季节瓜菜及北方冬季大棚瓜菜生产规模不断扩大、东盟零关税的热带农产品大量涌入国内市场等因素外，关键是没有建立长期稳定的产销关系。发展"共享农庄"，一个重要目的就是利用互联网、物联网技术，发展订制农业，打破传统的农产品销售流通形态，由消费者决定种什么、种多少、怎么种，最大限度地减少无效供给，扩大有效供给。

2. 发展"共享农庄"，是解决美丽乡村建设缺少商业模式和持续运营能力问题的有力抓手。例如，海南省委、省政府反复强调，美丽乡村建设不能仅仅依靠政府投入，不能仅仅是有"面子"，一定要吸引社会投资，要有"里子"；发展"共享农庄"，一个很重要的方式就是建立混合所有制的投资建设运营管理主体，在建设美丽乡村中形成可持续、多方共赢的商业模式。发展"共享农庄"，是解决全域旅游示范省创建过程中产品单一、水平较低问题的重要举措。海南旅游产品以观光产品为主，主要集中在"阳光、海岸、沙滩"方面，旅游新业态新产品供给不足。发展"共享农庄"，就是深度挖掘农业农村生态价值，高层次、高品位地开发乡村旅游资源，打造集循环农业、创意农业、农事体验于一体的特色田园综合体，满足消费者对田园生活、康体养生的新需求，引领新的生活方式。

3. 发展"共享农庄"，是从根本上解决贫困户持续稳定脱贫致富问题的有效途径。例如，海南的贫困村大多处在山清水秀的好地方，完全可以通过发展"共享农庄"，将绿水青山真正变为金山银山，走出一条持续稳定增收、脱贫致富的新路子。贫困户参与建设运营"共享农庄"，可以通过土地经营权的流转、民房等闲置资源的盘活利用、土地使用权益入股等方式，获得稳定的财产性收入；可以通过管护农庄、代耕代种等方式在农庄务工，获取工资性收入；可以通过将农产品作为旅游商品销售，获得经营性收入。

4. 发展"共享农庄",是解决农耕文化传承问题的创新方式。海南希望在发展"共享农庄"的过程中,按照当代精品、后世文物的要求,为后代留下一些有品位、有品质的庄园,而不是建设一批千篇一律的"火柴盒""营房",实现这样的目标,需要大量有知识、有文化、有资本的新农人参与。海南发展"共享农庄",就是要吸引这样的新农人来农村,通过他们来打造集人文要素、生态要素、科技要素、创意要素于一体的农庄,从而有效挖掘、保护和传承农耕文化,提升农业、旅游的品质和文化底蕴。

三、我国"共享农庄"发展模式研究

目前,我国"共享农庄"发展模式主要有产品订制型、休闲养生型、投资回报型、扶贫济困型和文化创意型五种类型。

(一)产品订制型

消费者可以通过订制、参加团购形式在农庄内认养当地特色农产品。农产品一经认养,就与消费者个人信息挂钩,可以佩戴标识以供消费者辨识。农庄工作人员会对被认养的农作物进行严格管理与照顾,消费者可以通过视频或者亲临现场实时查看作物生长情况。作物生长发育成熟后,果实等可以按照消费者要求进行"美容"处理,即农庄会对产品进行设计、包装,消费者可以享受送货上门服务,同时,农庄也可以代销产品并将销售收入返还消费者。

(二)休闲养生型

村集体、农民可以通过出租、合作等方式盘活利用空闲农房和自家的宅基地,建设富有民族风情的特色民宿客栈,吸引消费者特别是"候鸟"前来休闲养生度假。消费者在这类型农庄中可以租赁农地农作物,体验农耕文明的快乐。

(三)投资回报型

消费者、投资主体可以通过众筹等方式募集资金用于"共享农庄"建设发展,农庄作为受益对象反过来可以为其提供农资供应、技术指导、托管代种代养、产品销售等配套服务,消费者及投资者按约定就能获得实物或投资收益回报。

(四)扶贫济困型

消费者、投资主体与贫困村或贫困户直接对接、互帮互助,认养贫困户的农作物,承租贫困户的农地、农房,贫困户通过出租土地、房产或以土地、房产入股获得财产性收入

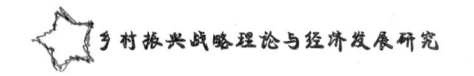

或者打理农庄获得务工收入，双方互惠互利，成果收益共享。

（五）文化创意型

利用品牌设计、故事挖掘、艺术再造、农业科普等文创艺术方式，让农庄富有人文气息、生态美好、科技、创意要素，更加适合人们生活、休闲、居住。

第五节 乡村旅游振兴可持续发展策略

一、可持续发展概述

（一）乡村旅游可持续发展的条件

1. 乡村性是乡村旅游可持续发展的前提条件

从供给角度来看，建设社会主义新农村为乡村旅游的发展提供了难得的历史机遇，乡村旅游的供给动力来自农民对现代化的追求。农村与城市在基础设施、医疗卫生、文化教育、经济收入、社会保障等方面的巨大差距，使广大农民向往城市生活，具有强烈的现代化诉求。同时，乡村旅游的本质特征是"农游合一"，广大农民"亦农亦旅"，既不离土也不离乡，可以就地将生活性资产和生产性资产转化为经营性资产，投资小、风险小、经营灵活、不误农时，具有明显的本土性，非常适合农民经营，是广大农民脱贫致富、实现现代化梦想的最佳途径之一。

乡村风光、乡村民俗、乡村生活、乡村生态等成为旅游活动的对象物，使旅游活动和产品系列更加丰富，旅游者所获得的体验更加全面，旅游者选择乡村旅游的动机主要有：回归自然的需要、求知的需要、怀旧的需要与复合型需要。无论从供给角度还是需求角度，乡村性的内容都是乡村旅游的核心要素，乡村性是乡村旅游整体推销的核心和独特卖点。

"乡村性"是界定乡村旅游的最重要的标志。存在于乡村的资源可能并不都具有独特的"乡村性"特征，例如，乡村建筑在经济较发达的乡村已具有明显的城市化的特点，传统的建筑景观可能已荡然无存。但具有吸引力、能成为旅游开发资源的景观必须是具有典型"乡村性"的景观，所以，乡村旅游资源的景观构成是具有显著指向性的，而不能仅仅从存在于某种空间范围内的景观形态来确定。

从景观内容看，"乡村性"景观是乡村旅游的核心吸引力所在，乡村旅游资源包括乡村自然生态景观、农业劳作景观、乡村聚落景观、乡村农耕文化、民俗文化景观、乡村经济景观及乡村民居建筑景观等，从活动内容看，乡村旅游包括乡村休闲度假、乡村观光、乡村民俗节庆体验、参与农业劳动体验等活动。而在乡村地区开展的高科技农业园区观光、城市型度假村旅游、主题公园旅游等活动以及在城市开展的乡村型度假村旅游、乡村民俗园旅游、高科技农业园区观光等活动不属于乡村旅游。所以在这里，便不难理解人们能够欣赏农村刚翻过犁的耕地的景象，而厌恶城市建设施工现场的喧杂；前者，使人们心中存有自然赠予大家的阵阵麦浪以及果实的喜悦；而后者，人自身的欲望使得原先美好的自然景象正在遭到残害，从而消逝，在人们心底积淀的乡土意象和乡土情结是乡村旅游魅力的核心支撑。

乡村旅游可持续发展的前提条件是保持乡村旅游的乡村性，但是，在乡村旅游发展的过程中，乡村性却遭到极大的戕害，比如，乡村民俗的商业化问题、乡村景观的城市化问题、乡村旅游产品低层次化问题、乡民在旅游发展中的边缘化问题等。乡村旅游乡村性的丧失意味着乡村的独特生态环境和民俗文化将不复存在，这往往导致其吸引力将衰竭，使乡村旅游的可持续发展成为空谈。所以，乡村性是要保证乡村旅游的可持续发展前提条件。

2. 乡村旅游开发应遵循科学的文化观和经济观

近年来，许多国外的游客前来我国旅游的动机，虽名目繁多，但仍可以发现其中的一个重要热点，即是仰慕中国悠久的游牧、农耕文明史以及围绕此而产生的不胜枚举的名胜古迹。他们认为最能拿得出富有吸引力的旅游产品——诗意绵绵，古朴淳厚的田园之美，以满足其返璞归真愿望的"回归自然"的旅游意向应首推中国。

乡村景色被看成是一份公共财富——尤其受到市民的喜欢。同时，出现了这样一种共识，乡村的存在事实上起到了一种保护和平衡环境的作用。一份美国密歇根州的关于"喜欢看到的东西"的问卷调查表明，人们喜欢看到的是农田、森林、木屋、大家庭的生活，并几乎都忽视家用设备。同时，在乡村旅游的发展中，除了经济方面的收益，我们更应该强调乡民从中获得的文化受益。多年来，由于观念信息和教育文化的障碍，广大农民过着自给自足的小农经济生活，习惯了日出而作日落而息的生活，他们年年岁岁围绕着家里的几亩土地转，他们的思维已经形成定势，被田埂地埂牢牢地束缚住。关于发展问题他们想得少，甚至不敢想，跳出农村看发展的人更少。因为信息落后，外界的消息他们几乎一无所知，他们不愿走出山村，不敢参与到外界轰轰烈烈的经济社会发展建设中。所以，只有实现了乡村文化的自主和和谐发展，才能实现经济的自主和健康发展，才能实现乡村旅游的可持续发展。

（二）实现乡村旅游可持续发展的目标

近年来，乡村旅游在中国风生水起、如火如荼，各地旅游、农业主管部门对乡村旅游的发展倾注了大量精力。旅游部门认识到，乡村旅游已经成为旅游业服务"三农"的重要渠道，成为"以旅促农，以城带乡"的重要途径之一；农业部门则认识到，在有条件的地区开发乡村旅游，发展观光农业，会创出一条新农村发展的路子，成为解决"三农"问题的一个辅助方案。发展乡村旅游，必须走可持续发展之路，这是落实科学发展观的客观要求，也是建设社会主义新农村的必然之路，更是保证乡村旅游健康发展的应有之义。

可持续发展的乡村旅游，应当是一种生态合理、经济可行、社会适宜的旅游活动，是一种高效低耗、无公害的旅游活动，要改变传统的发展观念，杜绝短期行为，是实施乡村旅游可持续发展的关键所在。对乡村旅游来说，其可持续发展要求在时间尺度上强调既要满足当代人旅游与旅游开发的需要，又不能危害后代人满足自身旅游需要的能力。在空间尺度上，要提高旅游者和当地居民的旅游质量，维护乡村旅游发展的持续性，并与周边区域和谐共处、资源共享。在开发广度上，要协调乡村"独特性"与旅游开发、环境保护和旅游开发之间的矛盾，注重乡村资源、经济、文化、社会、环境的协调发展。所以，乡村旅游可持续发展的目标可以归结为生态平衡、文化平衡、经济平衡、相对公平四个方面。

1. 生态平衡

旅游开发对旅游资源的破坏或保护都是至关重要的，全面考虑旅游资源本身的特色、旅游容量、旅游资源的可持续利用、有利于保持自然生态平衡的旅游活动开展模式等，都是旅游开发之初需要特别关注的问题，同时，我国乡村居民和游客生态环境意识普遍不强，当地居民为谋短期利益开山采石卖树，甚至售卖珍稀动植物；游客心里也只想着本人到此一游而已，何况生态环境的保护自然有"专人"负责。所以，乡村自然生态的可持续发展还有赖于面向乡村居民和广大游客的宣传教育，这样在旅游开发和旅游活动开展过程中都能保证自然生态的平衡，生态破坏问题就基本上能够得到控制。

2. 文化平衡

随着乡村旅游产业化的深入发展，乡村地区和外界的经济、文化交往趋向常态化，现代文明和外来文化日趋渗透到乡村地区生产与生活的方方面面。乡村传统文化遗产在全球化浪潮的冲击下面临前所未有的挑战，越来越多的乡村文化遗产在现代文明中日益衰败、濒危甚至消亡。现代工业文明正在快速侵蚀和瓦解着传统农耕时代的生产方式和文化形态，导致少数民族传统文化的生态空间日趋萎缩，生产和使用群体不断减少，民族文化生长的土壤日益贫瘠，这都使民族传统文化有效传承的文化生态环境日益恶化，导致民族传统文化的生存和传承受到严峻的挑战。例如，依靠口传心授、言传身教和集体展演作为主要传承方式的侗族大歌，是农人干完一天的活后聚在一起的交往和休闲方式，其生命力在于不可断裂的代代相传和人心所向的民间风俗，一旦失去有文化认同感的传人和唱歌互动的民风，可能在十几年时间里就可能烟消云散。而现在不少侗族青年对自己的传统音乐兴趣渐消，侗族大歌已经面临严峻的挑战。

乡村传统文化还有可能产生仆从现象，传统文化个性将被削弱，文化功能将被减低。如在恭城瑶族自治县开展"农家乐"旅游的某村，有外来人员租用该村村民的房子进行非法色情活动，有的竟然还是房东专门从外地"请"来的。一方面是由于村民偿还"贷款"的压力，希望用额外的"服务"吸引游客；另一方面是由于部分游客自身素质不高，但是绝大部分村民屈从于经济利益是不争的事实，扰乱了当地原本淳朴的乡风民俗也是非常令人惋惜又值得深思的。

乡村旅游发展使乡村传统文化正面临着文化价值被商业价值所取代和过度商品化危险，现代商业形式包装的乡村文化产品、民俗风情娱乐化、宗教艺术舞台化等虽然能短期内刺激游客，获得巨大经济效益，但践踏了传统文化原有的真实性和文化内涵，扭曲了传统文化，使其简单化、俗套化和功利化，使民族传统文化变成了一种纯粹的商业谋利行为，不利于乡村旅游业的可持续发展。由于旅游者的素质参差不齐，他们在旅游过程中经常出于猎奇、求乐的心态，往往偏好于感性、刺激、轻松、娱乐的目的看待旅游目的地文化，这种倾向极易使民族传统文化庸俗化，主要表现为传统文化旅游项目的雷同开发、优劣不分、伪造民俗等现象。某些旅游地缺乏有甄别的产品开发，误将乡村文化的糟粕与精华一同开发，丑化、歪曲、篡改乡村传统文化，既不能展示乡村传统文化的特质，又致使乡村传统文化原有内涵和存在价值扭曲或消失，也贬低了民族传统文化在当地居民心中的地位和价值。

3. 经济平衡

乡村旅游开发符合了旅游者的精神审美观念与对文化品质的要求，具有较强的文化价值、经济价值和社会价值，乡村文化具有独特的地域和民族特色，活态的历史、文化、经济、科技等多层价值，是极具开发潜力的文化资源，应与乡村地区的景观和其他物质文化一起共同开发，给消费者提供高质量、高品位的文化大餐。乡村文化的理想开发与保护路径是让文化融入经济活动的脉络中，助推民族地区的经济发展，让经济行为反映或折射出文化的影响为文化的传承铺路。

在一些地方，村民与开发商关系恶化，在一些古村落，甚至有村民抗议旅游业的发展，阻碍了古村落旅游的正常发展。还有一些旅行社凭借客源垄断地位和市场化运作的经验，在利益分配中起到了决定性作用，并借此获得了超额垄断利润。而利益受到损害的乡村旅游地、农家旅馆等相关经营主体采取了拒团、宰客、降低服务标准、减少服务项目的措施，把损失转嫁到游客身上，乡村旅游项目的市场信誉因此受到了严重的破坏。所以，要实现乡村旅游经济的可持续发展，必须实现各利益相关者之间的均衡。因此，乡村文化的保护与开发要在尊重文化多样性，确保文化的内在价值能够延续和传承的前提下，让保护乡村文化能与市场开发相结合，寻求文化传承和商业发展需要的最佳平衡点，凸显自身的经济价值，科学设计出丰富多彩的精神文化产品，打造文化品牌，形成文化遗产的产业化经营和规模效应，让世界了解民族传统文化，让民族的价值观、思想观和人生观得到世界人民的理解和尊重，使民族精神得到延续，民族文化得到传播和认同，实现文化传承的与时俱进，使民族传统文化走向世界。

4. 兼顾公平

旅游开发毕竟应该是一个持续发挥效益的过程，乡村旅游开发以转变观念为先导，以乡民参与为基础，转换主客位观念，真正确立乡村居民在乡村文化保护与传承中的主体地位。旅游地居民丧失了自主权是乡村文化的旅游开发中受到戕害乃至丧失的主要原因。应在确保旅游开发当前需要的同时，要保证乡村文化的原真性，立足长远永续发展，以确保乡村持有旅游目的地的长久魅力，实现乡村旅游资源的可持续利用。离开了哺育乡村文化成长的土壤，它就会失去赖以生长的根，乡村文化的展示就会失去原生文化空间的生存根基。一方面，乡村旅游收益分配应该建立科学合理的旅游收益分配制度，优先保证当地居民的应得利益，将普通民众作为旅游开发的参与者和受益者，使当地民众从旅游发展中直接获利，使子孙后代能够持续享受旅游开发的机会和旅游发展的成果，从而激发起原住民传承保护乡村文化的意识和动力，提高乡村文化生命力和创造力；另一方面，要大力发展乡村文化教育，提高当地居民的文化素养和鉴别能力是乡村文化传承发展的根本。所以，从社会阶层公平的意义上说，乡民同样应该成为乡村旅游客源市场主体的一部分，这是乡村旅游发展要达到的必然目标之一。

（三）振兴乡村旅游可持续发展的手段

1. 发展乡村教育，提高乡民的文化素养和审美鉴别能力

乡村旅游发展的过程中强势文化对弱势文化的冲击是不可避免的，旅游开发中出现的主客双方不对等现象、"飞地"现象和"新殖民主义"现象，都源于乡村落后的文化教育，要大力发展乡村教育，提高当地居民的文化素养和鉴别能力是乡村文化传承发展的根本。由于旅游客源地和旅游目的地之间的主客双方的交往与相互作用存在非均衡关系，乡村文化受到的各种戕害，都源于乡村文化教育发展的落后；通过发展教育，培养原居民的

民主观念和主人翁意识，培养其乡村文化保护与传承的自觉意识，提高其文化素养和审美鉴别能力，提高其保护与科学开发乡村的自我传承能力，实现乡村旅游的人本化，保证乡村旅游的可持续发展。

2. 发展乡村经济，构建农业循环经济产业链

"旅游脱贫""旅游拉动相关产业的发展""旅游拉动内需"就是乡村社区发展旅游业的目标之一。乡村旅游一直被看作乡村经济甚至文化及城乡一体化发展的"万能药"受到推崇，乡村旅游开发并不一定是农村社区经济的灵丹妙药，要考虑我们"赢"得什么，"失去"了什么。乡村旅游的发展要靠乡村支柱产业经济的健康发展作为强大经济后盾。乡村的支柱经济产业是农、林、牧和农副产品加工业。要实现乡村经济的健康快速发展，就要构建科学的以粮食及其他农副产品龙头加工企业为依托的农业循环经济产业链；以畜牧、水产生产加工企业为依托的畜牧、水产加工循环经济链条；以秸秆综合利用为重点的秸秆循环经济链条大力发展绿色、有机、无公害原料，加工企业要采取先进节能、无污染技术改造传统工艺，提高企业的经济效益；以林业及其加工业为依托的林业循环经济链条。

3. 发展乡村旅游，构建理想的旅游环境

乡村旅游的长远目标是建设发达的田园化乡村，构建理想的人居环境和生命栖息地，构筑和谐的旅游环境。这样旅游环境既面向城市居民，也面向乡村居民，使乡村居民不仅获得经济收益，更获得现代旅游的精神满足。在构建人居环境和旅游环境的过程中，旅游开发需要制订科学的旅游规划，对核心资源进行重点开发，对不同需求层次分别开发。同时，加强对旅游者的教育，端正其旅游心态，树立科学的旅游观，建立控制和优化"大旅游"的系统旅游观，要加强乡村旅游伦理教育，树立基于生态链的遵循"3R"〔reduce（减量化）、reuse（再利用）、recycle（再循环）〕原则的旅游生产发展观，提倡文明化、减量化和无害化绿色旅游消费观。面对"旅游示范效应"所带来的各种文化冲击，乡村基层组织和人民要头脑清醒、提高警惕，取其精华、去其糟粕，丰富和提高乡村文化的整体抵抗力，要在保持乡村特色与精髓的基础上，积极学习外来文化，使乡村文化得到保护、传承和发扬光大，并逐步建立起一个以人为本、尊重乡土文化、尊重乡土自然、包容差异的旅游新环境，进而促进乡村旅游向健康、稳定、繁荣和可持续的方向发展，实现乡村旅游的规范化、生态化及和谐化。

二、振兴乡村旅游经济的可持续发展研究

（一）乡村旅游开发对农村经济的影响

中国取消了农业税，这是朝着振兴乡村经济迈出了可喜的一步。但是乡村地区仅依靠

自身的力量很难有进一步的发展，特别是在西部地区，其生态条件恶劣，就连正常的农牧业发展都受到较大的限制。而中国的乡村在不同的地区，其经济收入也有一定的差距。

乡村旅游开发对提高乡村居民的工资性收入能起到一定的作用，特别是对于中西部地区来说，乡村旅游是农村吸引城市，欠发达地区吸引发达地区居民前来消费的一种手段，从而使得乡村地区和欠发达地区能够分享东部城市化和工业化发展的成果。所以，乡村旅游开发对农村经济的影响，可以从以下几方面理解：

1. 扶贫作用

乡村旅游开发对乡村经济最大的影响是能够对贫困地区起到扶贫作用，主要表现在促进当地对外开放、对内搞活、发展横向经济联合、解决劳动就业等方面，从而使"一座山搞活一地区、一座湖繁荣一个县、一个洞富裕一个乡"的现象屡见不鲜。农村旅游开发适合农村环境与小规模旅游经营，使农村和农户受益。

2. 产业影响

乡村旅游能使农业与第三产业相互结合，是推动传统农业向"高新技术、高附加值、高效益"现代农业转化的途径之一，是实现旅游行业中"高投入、低风险、高收益"经营策略的新选择。由于乡村旅游开发带动了农村通信的发展，也为农村中小企业的发展带来了新的动力。

3. 综合效益

乡村旅游开发能够起到促进农村经济发展、提高农民收入、保护农村文化、稳定社会等作用，如果农村旅游开展得较好，旅游经济可以占到农村地方经济总量30%左右的份额。特别是乡村旅游通过旅游消费可带动农村通信、交通、加工、餐饮、娱乐等其他产业的发展，因而具有较高的经济效益。另外，还具有解决农村剩余劳动力就业等方面的社会效益以及农业固有的生态效益，所以，乡村旅游也具有较高的综合效益。

4. 对周边农村的影响

乡村旅游开发不仅对本村的经济社会具有积极的作用，也对周边农村经济产生巨大的直接或间接的带动作用，此外，还增强了各相邻农村对环境资源保护的意识。因此，乡村旅游开发有利于农民收入的提高，农户只有参与乡村旅游开发才能受益更多。

（二）乡村旅游经济可持续发展的途径

乡村旅游经济的可持续发展，要求旅游业的发展既能够为旅游者提供高质量的旅游产品，又能够使旅游接待地区的农民生活水平和质量得到改善，两个目标缺一不可。因而，实现乡村旅游经济可持续发展的途径有以下几个方面：

1. 乡村农业经济与旅游经济协调发展

乡村旅游经济有一个基本要素与农业经济是一致的，那就是"靠天吃饭"，这里的"天"是指乡村的自然环境，也就是说乡村旅游经济发展的依托条件还是乡村自然环境。所以，要实现乡村旅游经济的可持续发展离不开保护当地农村自然环境。旅游经济和农业经济的和谐共处是乡村旅游经济可持续发展的一个重要体现，不能因为旅游经济的强劲发展而使农业经济趋于萎缩，那样无异于在乡村地区又制造出一个城市，如果彻底丧失了乡村气息，旅游目的地对旅游者的吸引力也将逐步减弱。但是，旅游的发展也不可能使农业经济一直保持原貌，它必然要适应形势的发展而进行调整。因此，把握乡村旅游经济发展的"度"，是乡村旅游经济可持续发展的关键。换句话说，乡村旅游经济的最终目标不能简单定位为利润的最大化，而应考虑其生态和文化等综合因素。

2. 减少乡村旅游收入的漏损，提高当地农民的旅游收入

通常乡村地区的旅游收入乘数效应比较低，这主要是由于旅游收入的漏损非常严重。因为乡村旅游的投资者大多数是外地人，而且相当多的旅游商品产于外地。漏损程度可以根据流出当地经济的资金比例确定。显然，那些能减少流失的地区，能够让更多的最初消费在当地经济中流通。而那些依赖本地以外的人力、物质和资本的地区，必定会因支付这些服务费用而受到损失。所以，主要依靠自身资源维持旅游业发展的地区，更有可能实现农村经济社会的繁荣与和谐，大量事实证明，旅游企业管理权和控制权在外来者手中时，必然会阻碍当地旅游业的健康发展。宾馆、饭店、汽车公司、缆车公司等，所有这些乡村旅游中最赚钱的企业往往都是由外地投资者所拥有，而当地又依赖于这些企业来输出自己的旅游产品。

因此，发展乡村旅游要让当地人或当地企业成为旅游开发、经营和管理的主体，充分参与其中。政府应鼓励当地农民直接参与旅游的经营与管理，避免旅游区内的旅馆、餐馆和旅游商品的经营被外地企业所垄断，要从立法方面尊重和保护当地农民的利益，明确规定当地农民参与旅游业应达到的比率。

3. 严密监测与评估乡村旅游发展的规模和风险

由于乡村地区脆弱的自然环境、落后的传统农业经济以及处于弱势地位的文化传统，使旅游开发很容易导致乡村生态环境出现不可逆转的破坏，保持乡村地区旅游的可持续发展，应科学、合理地在其环境承载范围内进行。因此，必须对乡村旅游开发的环境容量进行监测和评估。乡村旅游自然环境的承载力可以用生态承载力和设施承载力两个指标衡量。

(1) 生态承载力

在一定时期内，旅游接待地区的自然环境都有一个所能承受的最大限度旅游活动量，

这种限度一旦被突破，旅游资源所处的自然环境就会被破坏。每个旅游地的生态环境都有一个生态承载力。生态承载力基于当地原有的生态质量，自然环境对旅游污染物的吸收和净化能力，生态环境承载力取决于一定时期内，每个游客所产生的污染物的数量及生态环境净化与吸收污染物的能力，虽然一般生态环境系统都有一定的纳污自净能力，但如果生态环境系统长期超量接纳外部尤其是人为的强制输入，就会导致其稳定性遭到破坏，当干预因素的影响超过其生态系统的阈值时，生态系统就可能面临失衡或崩溃。

（2）设施承载力

在一定时期内，用于旅游目的的土地资源以及生活设施和活动场地能够容纳的旅游活动量。设施承载力包括两个方面的含义：第一，目的地有多少土地资源用于旅游开发和建设；第二，用设施单位衡量，如有多少宾馆设施、床位，餐馆接待最大容量的游客数，一般来说，设施承载力和人为设施的规模直接相关，其中包含许多基础设施，如水、电资源可供多少人使用以及交通运输的容量、住宿设施的床位数等。

三、振兴乡村旅游文化的可持续发展研究

（一）乡村旅游文化可持续发展的战略选择

1. 指导思想

乡村旅游文化可持续发展的任务是相当艰巨的，面临的问题也是迫切需要解决的。为了促进乡村经济、社会生态等的全面发展，以及社会主义新农村建设与和谐社会的构建，必须有一个全新的文化发展战略。这种战略的指导思想可以概括为：多元化、非均衡、逐级推进、综合发展。多元化是指各地文化发展战略要因地制宜，不同地区不同时期可以采取不同的发展模式。非均衡是指在不同时期、不同条件下，发展的重点地区应当有所不同。逐级推进是指文化的发展要与物质的发展达到"互动式平衡"，或者说二者发展的"和谐"，也就是说物质文化要求精神文化必须与之相适应。综合发展是指在发展的过程中，应当兼顾各种效益，力求协调发展。

2. 构建原则

旅游地是能提供所有旅游产品以及旅游经历的一个社区（一般需要一定规模的人口聚居点）。乡村旅游地突出了旅游产品的"乡村性"，强调了旅游经历的文化体验过程。根据上述指导思想，乡村旅游可持续发展的战略制定需要考虑以下几个方面的原则：

（1）可持续发展原则

发展原则是指乡村旅游地的可持续发展。这也是乡村旅游项目可持续发展的必备条

件。可持续发展是当今资源开发利用的主导模式，以发展为核心，综合考虑影响发展的各种限制性因素，特别是文化变迁可能带来的不良后果，使之能够形成良性循环的发展路径。

（2）文化自由选择的原则

自觉意识是文化变迁的内在动力，因此，充分尊重乡村居民对文化的判断和对文化自由选择的权利也是制定发展战略所必须遵循的原则。从这个原则出发，要认识到乡村旅游地的旅游发展需要采用"政府主导模式"，这是乡村居民权利的保障，有了这种保障，才能充分发挥乡村居民的主观能动性和创造性，才能制定出切实符合实际情况和人民意愿的发展战略。

（3）突出地方特色的原则

对于乡村旅游地而言，乡村旅游文化是外来文化与地方文化、现代文化与传统文化的复合体。它不仅是进入市场的品牌和市场竞争的起点，还是乡村传统文化变迁的重要依据，并可以演化为传统文化传承的载体。因此，要以少数民族文化和乡土文化为核心，提高乡村旅游产品的品位和档次，对景区景点的开发，要保持其固有特色，突出其不同之处，注重其"原汁原味"的本色，营造特色鲜明的乡村特色。

（4）社区参与的原则

发展乡村旅游必须明确"扶贫"这一主题，要把乡村旅游项目的开展作为扶贫工作来做。同时，要体现乡村旅游开发的普遍性和农民参与的普遍性，政府要积极引导农民参与旅游业发展，要让农民既是旅游扶贫的对象，又是参与旅游业发展的生力军，使社区居民参与文化的继承和发展，提高其对自己文化的认识和自觉意识，决定文化传承和发展的途径，最终让农民成为真正的最大受益者。

（二）乡村旅游文化可持续发展的战略设想

1. 目标

根据上述原则和乡村旅游地可持续发展的目标，以及目前乡村旅游地普遍存在的问题，提出"发展中保护"的战略设想，总体思路是"乡村旅游发展中的乡村文化保护"，从而形成"发展—保护—发展"的可持续发展道路。

乡村文化发展目标就是以鲜明地方特色的乡村旅游文化为标志，引导乡村文化的现代化变迁，根据乡村发展的需求，乡村文化建设既能融入现代社会发展，同时又具备独自文化特色的新型乡村文化体系。

2. 途径

乡村旅游地的发展需要"政府主导"模式，这是乡村居民权利的保障，有了这种保障,才能充分发挥乡村居民群体的积极性和创造性,才能使乡村旅游地文化良性的变迁与发展。因此,乡村旅游地文化要围绕总体思路——"乡村旅游发展中的乡村文化保护"来进行发展,其保护方式为政府主导,保护者(主体)主要包括地方政府、旅游企业、社会力量,保护的对象(客体)是文化传承方式、文化变迁途径、文化创新力。

(三) 乡村旅游文化可持续发展的战略体系

1. 政府主导

乡村旅游地政府在乡村旅游发展中所扮演的角色是推动者而不是经营者。它应该为乡村旅游发展指明方向,并为乡村旅游发展服务,为小规模的经营者和非正规部门创造良好的发展环境,这样才能够促进乡村旅游朝着可持续和符合全社会整体利益的方向发展。

(1) 加强宏观管理

首先,乡村旅游地政府要把乡村旅游的管理纳入政府的行政管理职能,纳入政府的远景规划,各级政府职能部门要明确责任,制定出乡村旅游相关管理办法或条例,对乡村旅游的规划审批、经营管理、安全管理、环境卫生等方面进行规范与监督,引导其逐步走向行业协会自律管理。政府应该通过开发政策、土地和水资源管理计划、提供人力和财力管理等方式有效干预乡村旅游的发展,协调各方面的利益,从而达到对乡村旅游的宏观管理。

(2) 正确把握文化的发展方向

在现代化的标准体系内,乡村在经济发展中应该寻找自身文化与其他文化联动发展的切入口,实现文化的整合,从而实现自己的现代化,获取经济效益和社会效益双赢的结局,其根本目的在于获得自己文化的地位,成为多元文化格局中的被承认和赞赏的一员。因为每一个地域都有其独特的文化,各个地域的文化也并非出自一源。因此,政府要通过各种宣传方式和各种媒体使人们树立正确的文化发展观,强调文化发展的多元性,这样有利于克服不同文化之间的偏见,使其认识到自己的文化有其独到的价值和魅力。

(3) 制定相应的政策予以扶持

现阶段,我国将乡村旅游纳入城市普通休闲体系,由此导致了乡村旅游地与城市休闲体系形体上的相似,掩盖了乡村文化的光辉,失去了"异域风光"的新奇,人们看到了"趋同"表现:乡村地区的经济发展和社会进步不能也不应该是简单的"克隆",其特殊性不仅仅是经济发展问题,乡村的发展没有已经规定和预设的道路,不应该只有一个标准,应该在乡村旅游地旅游开发中,硬件设施必须完善的基础上,建立"差异性"的旅游质量衡量与评价指标体系强化乡村文化特色,突出人文景观的乡村风格,维持并发展"异域"的形体特征，使乡村旅游地的文化底蕴有所依托，得到自身与外来旅游者共同的心理认同。

（4）建立与完善文化自我保护传承机制

制定相应政策扶持乡村建立与完善其文化的自我保护传承机制。全球化是当代不可阻挡的一种潮流。"不可阻挡"只表明当代历史发展的一种趋势，却未必表明它来自人类理性的、负责任的判断和评价；也许正是这种趋势生长出"畸形的果子"，就像我们无法阻止世界范围的战争和恐怖主义，却不能说它们符合"道德和道理"一样。文化的影响是相互的，但由于在一个国家乃至世界文化体系中，文化的地位差异使文化彼此间的相互作用不同。乡村文化的弱势地位，使之在发展中不得不成为一种保护对象。

因此，在乡村旅游可持续发展中，要充分保护弱势群体的利益，建立最广泛的民众参与机制，比如，可以通过全体村民全体表决等，形成防范各种毁损乡村文化的监督制约机制，使之在旅游发展中发现自身文化的价值，树立民族自信心，要通过引导社区居民正确认识传统乡村文化的价值和作用，充分挖掘农村传统民间文化的精髓，激发农村文化的活力。乡村文化建设不仅要服务社区居民，更重要的是要调动社区居民传承和创造文化的积极性，使其成为新农村文化建设的主体。要积极培养社区居民文化骨干，帮助他们提高业务素质，以促进新农村文化事业的发展。要注重民间文化艺术的挖掘、整理、保护和利用。充分发掘各地的人文资源、传统文化、民俗文化、民间艺术资源，开展"民间艺术之乡""特色艺术之乡"和"民间艺术大师""民间工艺大师"等评选活动，对乡村传统文化生态保持较完整并具有特殊价值的村落或特定区域进行动态整体性保护，积极开发具有传统和地域特色的剪纸、绘画、陶瓷、泥塑、雕刻、编织等民间工艺项目，以及戏曲、杂技、花灯、龙舟、舞狮舞龙等民间艺术和民俗表演项目，培育一批文化名镇、名村、名园、名人、名品，把挖掘光大本土民间文化优良传统与乡村旅游发展结合起来，使传统民间文化显现出其固有的多重功能，保持其旺盛的生命力。

文化的变迁与发展是历史的必然，是民族进步的必然。在强调乡村自身的文化吸收、涵化、整合甄别能力的同时，要充分考虑乡村旅游地社会发展的外力作用，文化现实也会对旅游地形象产生一定的影响。因此，为保证地域特色，这就需要通过制定某种政策进行"指导型变迁"，尽快出台传统乡村文化保护传承相关政策，明确在乡村旅游发展中，乡村文化保护传承的原则、目标、范围、内容、要求和法律责任，为乡村旅游规划的编制提供依据和标准，各级政府要把乡村传统文化保护传承工作纳入政府工作中，帮助乡村建立和完善其文化的自我保护传承机制，使之在保持自身文化特色的前提下，完成对现代化生活方式的过渡。

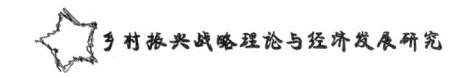

2. 企业经营

（1）促进文化整合，创新旅游产品

每一种文化由于其地域上的适应特征和悠久的历史传统都不可能被完全覆盖和替代外来文化，外来文化总是以各种方式被整合，成为本土文化的一部分。在经济现代化所诱发的文化现代化过程中，某些传统被抛弃是正常的现象，旅游活动中，传统文化（吸引旅游者前来游玩的旅游地文化）与外来文化之间的不断冲突和融合，通过选择性吸收和适应性整合，直到转变为旅游者所满意的旅游文化。

对以乡村文化为主要资源的旅游产品形式进行重新设计，现有乡村文化旅游产品大多为观光型旅游产品，刺激了文化向"浅表性"和"商业性"变化。应该考虑旅游行为文化与地方文化的渗透，使旅游者由现在单纯的"猎奇"消费观转向"理解"和"探索"消费观，旅游方式由观光为主转向以"生活参与"为主。综合考虑乡村的自然景观不适于发展单纯性的观光旅游，而一些历史遗迹也呈片断式的零散分布，民族风情需要有一定的时间才能体验……所以，必须创新一种既适合大众参与的，又充分体现乡村文化特色的旅游产品。目前，可开发项目参考主题有：生活体验之旅、生产仿真之旅、农事教育之旅、生态示范之旅、民俗娱乐之旅等等。

（2）挖掘文化内涵，注重氛围营造

旅游景观之所以区别普通的景观设计，在于旅游项目的景观本身就是旅游吸引力的重要组成部分，甚至是其最重要的部分，是项目的基础或卖点。因此，旅游项目的景观设计，必须服务于旅游项目的"主题"定位，形成项目的独特吸引方，凸显"独特性卖点"，形成品牌。

任何旅游项目的运营，都需要进行主题整合，形成鲜明的主题内容，树立独特性，并达到品牌的统一性和特色化。可以说，主题是品牌运作的基础。没有主题，旅游项目将会是一盘散沙。好的文化主题，让营销、管理运作人员可以不断地挖掘和创新出新的内涵和游憩项目，来充实整个旅游项目，旅游项目设计则需要通过主题定位，进而实现产品的整合，因此，管理人员应该深入挖掘文化内涵，实现景观设计的"主题化"，在项目主题定位后，确定旅游景观如何围绕主题进行设计，所有的旅游景观都应该围绕主题进行展开，才能达到整体景观的最佳效果，从而形成独特的乡村旅游氛围。

（3）注重地方特色，树立鲜明意象

乡村旅游的强大动力来源于乡村意象，鲜明的乡村意象是乡村旅游得以开展的巨大财富，乡村意象是一项极为重要的无形的旅游资源。它在乡村旅游中所起的作用，如同城市中的标志性建筑所起的作用一样，是其他事物所无法比拟的。乡村意象强调的是乡村的一种整体氛围，而这种整体氛围的体现，必须靠本地塑造和对外传播两方面结合才能够完成。所以，在乡村旅游开发中，一方面必须有意识地在乡村塑造一种"可印象性"的整体氛围；另一方面又必须通过合适的传播手段把它推向市场，影响受众，形成鲜明的乡村意象。

3. 社会参与

（1）加强自觉意识，培养好客文化

加强民族自觉意识，对外来文化做出自身判断，对文化变迁途径和方式进行自主选择，任何文化都是一个独立又完整的体系，为了单一目的去塑造或改变一种文化都会导致该文化的正常发展受到阻碍，降低其运作效率。当前，乡村旅游地所出现的文化变迁实质上是城市文化的移植后果。乡村旅游发展中的"乡村文化复兴"本质是站在城市文化立场上对"异文化"的审视和再造，反映出"异文化"对城市文化的附和，这就意味着其自身丧失了再生产能力，但乡村文化是长期对其生存环境适应的结果，有其存在价值和利用价值，为充分合理地利用当地资源提供了多种可能，因此，要充分尊重乡村居民对文化的判断和对文化自由选择的权利，提高他们的自觉意识，为他们提供文化自由发展的空间，维护其自我发展的轨道，使他们能够自觉地选择、采借、吸收、适应、整合外来文化，实现本土文化的传承与发展。总之，变与不变，如何变等一系列问题的解决，取决于民族对自身文化的理解和认识，取决于是否有利于自身的发展与壮大。

乡村好客文化是乡村文化在对外来旅游者的态度、方式、内容等方面上的综合表现。乡村好客文化的基本内容包括接待礼仪、社会风气和乡村景观。接待礼仪和社会风气是乡村好客文化的人文载体，是游客获得体验的最主要因素；乡村景观是物质载体，是游客到达乡村旅游目的地得到的第一印象；三者相辅相成，相互制约。

好客文化构成乡村旅游吸引力的"核"，是乡村旅游的核心竞争力，是乡村旅游人文魅力的最佳代表。应该通过服务质量、旅游营销手段等多方面实现好客文化价值，将其作为乡村旅游市场的卖点和乡村文化传播的途径。

（2）创造沟通机会，加强社会参与

尽量为乡村旅游地与专家和社会群体创造沟通机会，聘请专家作为乡村旅游地文化发展顾问，通过专家和社会群体的参与，可以有以下几个方面的作用得以发挥：第一，专家和社会群体可以深刻挖掘乡村旅游地的文化内涵；第二，专家和社会群体可以就如何来开发以及如何用合适的手段来影响受众提出建设性见解；第三，学者和社会群体还可以为政府对乡村旅游的宏观管理以及乡村旅游文化可持续发展的战略提供咨询意见与一定的帮助。这样可以保存和合理开发旅游产品的文化素材，使乡村旅游和乡村文化的弘扬紧密结合，促进乡村旅游产品的不断创新，促进乡村旅游的可持续发展，

四、美丽乡村旅游振兴的可持续发展研究

(一) 美丽乡村与乡村旅游的关系

目前,对二者关系的研究主要是定性研究,定量研究相对较少。为了更好地建设农村和发展乡村旅游,要对他们的关系进行深入研究,以实现二者共同发展,美丽乡村建设首先涉及的是房屋、道路等基础设施,基础设施的改善能够帮助乡村旅游的发展;乡村旅游能带动乡村地区的经济、政治、文化和生态的和谐发展,提高居民的满意度和幸福感,对乡村建设和乡村旅游进行定量化研究,发现二者之间的共性和异性,从而构建协同机制,共同促进乡村的发展,进而实现美丽中国梦。

(二) 美丽乡村与乡村旅游可持续发展的关系

美丽乡村建设和乡村旅游可持续发展的最终目的是一致的,即改善人民生活水平,增强居民幸福感。为了达到共同的目的,有必要去分析他们两者的关系,并找到二者共赢的平衡点,使得二者相互促进,共同实现改善人民生活,增强居民幸福感的目标,美丽乡村建设不当,破坏了乡村性,会影响乡村旅游及其可持续发展。在这里,主要从居民对乡村性的认知视角出发,对美丽乡村建设和乡村旅游可持续发展关系进行分析研究,发现二者的相关关系。

美丽乡村建设与乡村旅游可持续发展存在一定的耦合度,这不是偶然现象,研究表明是一种必然现象。因为美丽乡村建设的区域目的地和乡村旅游目的地都是发生在乡村地区,具有重合的可能性。除了地域上的重合,在建设内容上也有相同的要求,针对美丽乡村建设的五点具体要求,可以看出它们与乡村旅游的发展要求也是吻合的;一是实现生产的大发展,对应了乡村旅游带动乡村发展的目标;二是生活宽裕,对应了乡村旅游带动村民分享利益的目标;三是村容整洁,对应了乡村旅游发展的基本要求,即保证村内干净;四是乡风文明,对应了乡村旅游的传承和展现优良传统文化的要求;五是管理民主,对应了乡村旅游社区参与的要求,乡村旅游鼓励社区参与,实现利益共享,共同促进乡村旅游的可持续发展。

美丽乡村建设影响乡村旅游可持续发展,乡村旅游也对美丽乡村建设产生重要影响,二者相互促进,相互影响。乡村旅游发展有助于增加就业岗位,解决农村剩余劳动力的就业问题,维护社会稳定;乡村旅游带动乡村经济发展,增加乡村旅游收入,缩小城乡差距;乡村居民参与乡村旅游,共享利益,他们具有主动保护环境的意识,从而有效地解决乡村地区的环境卫生问题。因此,美丽乡村建设与乡村旅游可持续发展具有密不可分的关系。

第五章　乡村生鲜电商平台商业模式的构建

第一节　生鲜电商模式与发展背景

一、生鲜电商概况

生鲜即生鲜农产品，电商即电子商务企业，生鲜电商即借助互联网平台，通过电子商务等手段对畜禽肉类、果蔬、水产品等生鲜类产品进行直销。我国目前主导的生鲜电商主要有三大类，分别是综合型生鲜电商、平台型生鲜电商和垂直型生鲜电商。顾客对生鲜电商产品的需求与消费在时代的变化中不断更新，尤其是在新零售快速兴起的背景下，其消费特征有所变化。首先，新业态、新零售迅速发展，主要原因是 BAT 等巨头的进入；其次，生鲜产品的电商海外直接采购业务发展迅速，主要是由消费者消费时间分散化、购买品质多样化、购买区域广阔化引起的；最后，生鲜产品的运输配送环节得到改善，消费者所能体验到的服务感更强烈。

新零售运用了新兴技术，比如，大数据和人工智能等；同时，它又创新性融合线上线下，结合现代物流，使商品从生产到销售的整个过程更加高效。总体而言，新零售就是对业态结构的重构，使之建成一个可循环的商业模式，成为利益相关者的生态圈。据调查显示，未来新零售将趋向以下五个方面发展：对技术进行革新；对主体地位进行保障；对场景化服务进行运用；对无人零售进行快速扩张；对供应链进行重构。

二、生鲜电商商业模式

（一）生鲜电商 1.0：基于 B2C 的垂直型生鲜电商

在生鲜电商 1.0 时代，网上卖菜是生鲜电商的主要运营模式，其试图以云联网的形式改变中国居民去菜市场买菜的习惯，但实际上其农产品物流成本和损耗成本依旧不低。和菜市场相比，生鲜电商在价格成本、购买便利性、产品新鲜度等方面都完全不占优势。因此，云联网卖菜这一模式在2010年几乎全部停止。而作为1.0时代基础的B2C模式，以此模式为主的企业，它们的供应链模式也有差异，主要有四种模式。第一种称为生产外包模式，顾名思义，采用该模式的企业，它们的生产环节是外包的，但是物流和电子商务的平台这两部分却是自己经营的。它们的整个商品流程是，先直接从生产商（比如，农产品的生产基地或者私人自主经营的农场）处购买生鲜产品，比如，蔬菜、水果等；然后借助企业自营的物流渠道，将产品送到对应工厂或者基地进行加工和包装；最后，企业安排的送货团队将最终产品送至顾客指定地点。不同于第一种的自营物流，第二种模式则是对生产和物流两个环节都采用了外包的模式，但是对电子商务平台的运营和维护却由企业自己负责，因此被称为单一的平台模式。在前两种模式的基础上，第三种模式有所创新，它将企业的经营范围拓宽到包括生产、供应、销售等各环节，因此被称为纵向一体化模式。采取第三种供应链模式的企业，它们有一支负责产品全过程的专业化团队。对于这支专业化、标准化的队伍来说，产品从采购、加工到销售的整个环节，他们都需要参与并监督，促使公司能够形成一体化的供应链，让种植、加工、配送、销售等各个环节都能高效运行。并且考虑到缩短配送时间的目的，可以采用电子菜箱的模式，节约时间，保障新鲜。第四种模式则是一种相对全面化的模式，因为采取该模式的企业，既从事生鲜产品的线上交易，同时也有自己的实体店面；并且和前几种不同的是，该模式不采取送货上门的形式，而是先把产品送往实体店，由消费者自行领取。

基于B2C模式形成的垂直型的生鲜电商最主要的优势是它能够为顾客提供安全的、优质的食品。这一优势不仅仅是该模式和线下超市等的主要区别，更是食品安全事件频发的结果。同时，这一商业模式可以从价值主张、供应链和盈利模式这三部分来入手构建。

（二）生鲜电商2.0：线上线下协同

生鲜电商的2.0时代开始走订制化路线，面向高购买力的群体，比如，城市企业家、白领等。该时代的生鲜电商企业主要通过独具特色的物流配送服务来提高用户黏性，也就是企业通过提高品质和增强特色等方式来让这个时代的重点群体多次购买。2.0时代的生鲜电商是销售生鲜产品（涵盖蔬菜、水果、肉类等）的专业性的电商形式，并且基于有机生态的影响，这样的电商形式可以在2.0时代快速发展。随着消费者需求的升级与市场的发展，"O2O+LBS"模型成为中国新零售O2O生鲜电商的末端配送的效率保障。这一模型可根据用户需求，结合互联网技术提供从用户定位、购物流程、采购模式到供应链物流和频道推广等方面的支持，为消费者提供精准与差异化的服务。

生鲜电商2.0时代的O2O商业模式其实是时代与机遇的共同选择。这是一种在新零售背景下，以大数据、高端技术为依托，以线上和线下渠道有机结合为特征建立的"移动互联网线上平台+线下生鲜店+自营物流"的模式。它以 B2C 生鲜产品为切入口，打造以高质量、高新鲜度、高口碑为特征的生鲜产品，以此增强顾客消费黏性，从而为顾客提供更多的非标准、特色化的体验服务。它的经营体系主要可分为三部分：线下生鲜社区店、线上 APP 购物、合适的配送人员。

既涉及线上又涉及线下的 O2O 模式，与其他模式相比，不同之处有四点。第一，从用户层面考虑，这一模式可以加强顾客在使用产品过程中的主观体验，主要指积极的主观感受。这种模式会得到店铺的大力支持，为消费者获取全面的产品和服务提供便利，同时也能在消费者购买生鲜时提供直接的环境体验。第二，它也是改善甚至解决生鲜产品物流配送问题的有力武器。这主要是因为 O2O 模式的前提是采取该模式的企业等在店铺布局方面会优先考虑顾客的需求，体现在实际中就是店铺往往分布在距离主要客户群较近的地方。在这一基础上，顾客可选择的配送方式就更多样化了，他们既可以出于便利性选择上门提货，又可以选择物流配送。第三，这种模式更是生鲜电商和顾客这两大主体加强互动的关键链。在这种模式下，生鲜实体店是生鲜电商与顾客交流的平台，借助这一平台，企业可以展示产品文化与品牌形象，顾客可以反映问题，商家与顾客的距离得以拉近。第四，出于企业盈利的根本目标，该模式当然对增加销量、扩大生鲜产品的销售规模有极大的作用。从该模式的概念出发，"线上线下"的结合，意味着商家可利用的渠道更多样，它们既可以在公众号等线上平台上发布各类相关产品的价格、数量、产地等信息，更可以在线下与顾客面对面交流，进一步拓宽自身的销售渠道。

（三）生鲜电商 3.0 时代

从生鲜电商 1.0 时代到 2.0 时代，又从 2.0 时代到 3.0 时代，生鲜电商产业的重心在发生着变化。3.0 时代生鲜电商的重点是品牌化与差异化的建设，这一重点转变的实现体现在生鲜电商与第三方物流的合作上。在 3.0 时代，生鲜电商的相关企业会进行品牌化建设，主要涉及产业链和产品品质，比如，完善产业链和供应链两大"链条"，建立生鲜电商产品品质控制和回溯体系。同时，它们又会通过新渠道、新措施来降低成本，比如，采取与超市、便利店进行线上线下合作的方式，或采用 C2B 的社区直供模式。随着 3.0 时代的不断发展，各大生鲜电商的商家、企业及消费者慢慢意识到未来生鲜的发展方向将是品牌化、社区化与 O2O 的融合，而实现这一融合的关键则是供给端和需求端的双向改造。

供给端改造，要求实现"品牌化+标准化"。品牌化是赋予价值的过程，是指通过一些载体来代表生鲜产品，深化其价值。对生鲜产品来说，品牌化就是一种能将其区别于竞争者的现实标志。能够实现这种品牌化的简单操作就是给每个生鲜产品匹配对应的二维码，二维码对生鲜产品的意义就相当于身份证对于我们的意义，是一种身份的象征，更是一种品牌的代表。在生鲜电商不断发展与政策不断完善的过程中,生鲜产品的二维码,将是验证其安全性与真伪的关键,是对产品追根溯源的手段。

仅对供给端进行改造是远远不够的,需求端也须进一步改造升级。需求端改造,要求实现C2B+O2O。在需求端改造中,C2B预售模式是一大特色,这一模式是目前大家公认的主流销售模式。正是这种模式的成功给供给端的品牌建设助力,因为C2B预售模式对降低成本,包括物流配送成本与生鲜产品的损耗成本具有关键性作用。但需求端改造仅靠C2B预售模式也是远远不够的,须结合O2O模式共同发展。C2B预售模式是为了降低成本,O2O模式是为了抢占"最后一公里",两者结合能更高效地促进生鲜电商的发展。

三、生鲜电商盈利模式和经营模式

(一) 生鲜电商盈利模式

生鲜电商的盈利模式主要有四种,分别是B2C盈利模式,F2C盈利模式,C2F盈利模式和售前、售中、售后结合的盈利模式。B2C盈利模式是我国现阶段的主流盈利模式,其发展主要经历三个阶段:起步阶段、探索阶段和发展阶段。该模式在用户流量和品牌信誉度等方面有强大的优势,但是其在生鲜农产品品控、物流损耗和"最后一公里"的配送上并没有太多的优势。而F2C模式是农场和顾客直连的一种模式。生鲜电商为获得价格优势,提升盈利能力,需要与上游供应商深度合作,将生鲜产品的上游生产农场与终端消费者有机结合,为消费者提供高质、新鲜的生鲜农产品,具有削减中间环节,降低品控成本等优势。至于C2F模式,则是客户对农场的盈利模式,凭借降低品质控制的成本和提高生鲜电商产业链的运作效率而受欢迎。这种模式是客户先借助生鲜电商平台了解生鲜产品的详细信息,然后通过批量订单的方式同上游的种植农场进行合作,农场再根据客户订单进行生鲜产品的种植和生产,最终将成品交付到客户手中。最后的售前、售中、售后结合的盈利模式,则是可有效挖掘消费者价值、拉近同消费者的距离,并最终提高消费黏性的模式。在售前阶段,生鲜电商通过收集消费习惯等信息,初步了解消费者的基本需求,有针对性地提出订制化方案,同时充分利用各渠道进行相关生鲜产品知识的普及与教育,以此拉近与消费者的距离;在售中阶段,生鲜电商跟进物流信息,及时向消费者进行反馈,与消费者分享生鲜产品的食用和搭配信息,进一步刺激其他产品的销售;在售后阶段,积极回应消费者反映的问题,快速协调退换货事宜,努力实施补救措施,提升消费者满意度和购物体验。

(二) 生鲜电商的经营模式

商业模式是各方主体的交易关系与连接,而经营模式则是企业实现商业模式中价值定位的一类具体方法，目前，生鲜电商行业的经营模式主要有平台型生鲜电商模式、垂直型生鲜电商模式和实体门店网上销售模式这三类。平台型生鲜电商模式的主要特点是流量大、物流稳，能够实现这两大优点的关键则是商家入驻平台。而其缺点体现在两个方面：一方面，用户无法快速识别该模式下电商产品质量的优劣；另一方面，入驻平台的费用高，商家间的竞争主要采用价格战的方式，很难体现产品特色与品牌差异。和平台型生鲜电商不同的是，垂直型生鲜电商不仅关注用户带来的流量，更关注果蔬肉等生鲜产品的供应。为了更好地实现这一目标，采取该模式的主体专门为生鲜这一类产品提供特定的销售服务。虽然这一模式需要高投入并且获得的利润较低，但专注带来的区域限制也意味着它能严格控制产品质量，提供优质安全的产品与短而精的服务。这样的模式主要适合以对生鲜品质高要求的中高收入人群为目标市场的生鲜电商企业，比如，"易果生鲜""天天果园""本来生活"等。实体门店网上销售模式，是指当地水果店、超市等门店借助APP、微信公众号等平台，拓宽消费者来源，从而形成的顾客"线上下单，线下消费"的新模式。基于此，便可以保证配送的便利性与产品的高质性，缺点是门店可提供的生鲜产品种类比较少、服务模式比较僵化，不能全面满足顾客的需求。

四、生鲜电商发展的问题及对策

（一）生鲜电商发展中的问题

生鲜电商的蓬勃发展也逐渐暴露出该产业存在的问题，唐昕、刘勤明（2019）认为问题主要涉及三大方面，分别是产品的质量问题、物流配送的效率与安全性、消费者需求的转变。

生鲜农产品受内外因素影响产生的腐败变质是其品质问题的主要体现。而导致农产品变质的主要原因是跨境冷链运输的周期长、环节多和跨境冷链运输作业不够规范。除了产品的品质问题，在物流层面，问题也不断涌现，主要有以下四方面问题。第一，产品受到工具等影响而带来的品质降低。物流工具的不恰当使用、产品与产品在物流过程中的意外碰撞等都直接影响了生鲜电商产品的品质状态。第二，监管与安全意识对商品品质的影响。因为在生鲜电商产品的物流配送过程中，监管部门从严要求的把控与利益相关者对产品的质量安全意识的树立都严重影响了生鲜产品的品质情况。第三，技术是否先进对产品质量的影响，比如，生鲜产品的包装技术。但我国的包装技术水平有限，只能避免产品不受外界的撞击这一类损伤，却不能确保商品在物流过程中的质量安全。第四，受宏观层面的影响，包括冷链物流行业的发展不成熟、技术的有限性、物流体系的不完善、专业人才的匮乏等。而在消费者需求方面，最主要的问题是消费者对产品不信任，对其质量持有怀疑态度。产品质量一直是每个时代大家都关注的问题，因为它影响着生命。2019年以来，瘦肉精、农产品农药超标等食品安全事故频发，外加线上电商平台的虚假宣传等行为，加深了消费者对产品质量的担忧，尤其是对网购生鲜产品的不信任。

（二）生鲜电商问题的解决措施

消费者在生鲜电商平台购物，主要考虑其所提供产品的优质性和配送服务的便捷性。因此，在这样的基础上，生鲜电商要打破瓶颈，获取竞争优势的关键就在于降低成本和提高产品质量。

产品品质的保证始终是所有生鲜电商企业必须坚守的战略之一。我国社会主要矛盾的变化意味着消费者的需求更多体现在安全性、健康性上，也就是要求生鲜电商产品的质量能够更高。为了满足消费者对高质量产品的需求，各大利益相关者可以通过技术改进、物流标准化等来改善产品质量。首先，在技术改进层面，尤其需要改进的是物流过程中的冷链技术、减压贮藏技术和辐射贮藏保鲜技术。其次，要注重流通环节对产品的加工和处理，让工艺更加标准化和效率化。为达到这一目的，生鲜电商工作者需要更多地关注第三方物流企业的运输安排，不仅要关注运输过程中对运输设备的选择、对运输过程的监控、对运输工具和设备的保养，而且还要对整个过程中的生鲜电商产品进行质量监管。应建立完善的跨境生鲜农产品冷链运输信息管理系统，对单据、库存、运输等信息进行管理，数据统计、信息反馈和追踪查询等均保持记录，并具有可追溯性。信息系统应具备订单跟踪、客户反馈、温度异常提示、预警等功能，并可为上下游作业提供必要的信息接口。再次，通过标准化和品牌化实现产品高质量。可以通过建立生鲜电商产品的可追溯体系，以二维码为载体，方便生鲜电商产品流通，从而消除顾客对生鲜电商产品的忧虑。

除产品质量外，降低成本也是一大关键对策。降低成本可以从制度和运营两个方面入手。一方面，建立循环包装回收制度，对运输路线、配送范围等做出精准的计算、划分、规划、控制，科学规划配送路线，在减少运输成本的基础上提高效率；另一方面，可通过采用大数据、人工智能和物联网等技术，也就是进行智能化运营，定位核心消费群体需求，从消费端了解消费群购买需求并进行预测，提高运营效率，降低成本。

此外，其他因素也会有助于解决目前生鲜电商发展中存在的问题。以物流配送为例。第一，需要保持在服务覆盖的3千米生活圈内，产品能够在规定时间内送达；并且不同的产品须配备温度控制更精准的温控箱，运用多温区混载技术，使温度、湿度、气体成分等影响因素都能得到控制。第二，减少产品的损伤。这里的损伤主要指生鲜电商产品在物流过程中因为碰撞等造成的伤害。为达到这一要求，需要对物流过程中的具体操作进行规范化和标准化。第三，对生鲜电商产品进行科学化、合理化包装极为重要。

为了破除同质化竞争，首先要进行市场细分。细分市场首先就是要确定最主要的消费群体，进行关键击破，重点发力；或瞄准某个区域，梳理归纳该区域主要人群特征；或瞄准个性化订制领域，设立生鲜展示馆，实现会员个性化订制。其次，增强用户体验。通过前置仓、线下门店、商超联合等创新仓储模式，提高生鲜产品交付能力，增强用户体验。

五、消费升级促使生鲜电商产业飞速发展

（一）消费者需求的升级

在消费模式升级的驱动下，人们逐渐由价格导向转变为价值导向。人们不再单一地以价格为衡量标准，商品品质与价格的匹配程度成为人们衡量商品的标准。人们开始从商品的品质、商品的多样性、消费便捷性、价格等多个维度衡量商品。生鲜电商的出现，在商品品质、商品多样性、消费便捷性、价格等方面满足了消费者的需求。

此外，随着互联网的普及，越来越多的人选择网购这一途径。消费者主要群体更新换代，80后、90后甚至00后成为主要的消费大军，消费观念发生转变，在水果方面的需求增加。此外，经常购买的生鲜商品逐渐由普通商品向中高档进口商品转变。

（二）生鲜电商产业飞速发展

随着生鲜电商模式和技术加速成熟，生鲜电商渗透率快速提升。根据艾媒咨询数据，2021年中国生鲜电商市场规模为3117亿元，同比上升18.2%，预计2023年市场规模达4198亿元。

第二节　生鲜电商行业的发展与变革

一、生鲜电商行业的发展阶段

我国生鲜电商主要经历了三个发展阶段：一是萌芽摸索期（2005年至2014年），互联网巨头及初创公司扎堆进入，供给超过市场需求，消费者对生鲜产品腐损严重现象投诉率高，不少平台陆续出局；二是创新探索期（2014年至2019年），出现前置仓、社区团购等新模式，每日优鲜、本来生活等获得大量资金注入，行业进入高速发展期；三是规范发展期（2019年至今），新冠疫情培养了消费者线上生鲜消费需求，但在经历了大量融资、快速烧钱扩张后，部分平台经营问题逐渐暴露，政府明确监管规则，加大规范力度，

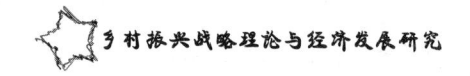

生鲜电商进入行业沉淀期。

二、2022 年中国生鲜电商行业发展趋势

居民生活受到新冠疫情影响，出行购物受限，居家物资需求激增，对生鲜电商购物需求旺盛。近两年，行业需求旺盛，生鲜电商企业纷纷入局，寻求行业增长新机遇。

（一）市场规模持续扩张

随着互联网的发展，现代冷链物流技术的不断提高，生鲜电商行业有了更好的技术支撑。同时，在"懒人经济"浪潮及疫情推动下，我国消费者逐渐养成线上购物的习惯，促进我国生鲜电商消费的持续增长，我国生鲜电商行业市场规模也将持续扩张。

（二）多模式共同发展

现阶段，生鲜电商行业处于多种商业模式共存的局面，其中，前置仓（如每日优鲜、美团买菜等）、店仓一体化（如盒马鲜生、大润发优鲜等）主要布局在一、二线城市，消费人群主要以一、二线城市白领为主，而社区团购模式（如兴盛优选、多多买菜等）则主要满足下沉市场用户需求，不同商业模式的生鲜电商满足不同层级消费者的消费需求，因此，在未来一段时间，生鲜电商市场仍旧不会出现"一家独大"的局面，多种商业模式并存的格局仍将继续。

（三）半成品或成行业增长新动力

疫情期间，半成品市场加速发展，半成品菜+线上销售打开了餐饮新零售的局面，由于半成品菜的毛利率高于水果蔬菜等产品，生鲜电商企业可以在拓宽销售品类的同时提高利润率。因此，除了众多餐饮企业推出半成品菜的同时，一些主流生鲜电商平台也开始对半成品市场进行拓展部署。疫情的发生提升了消费者对半成品菜的认知，并且当下 80 后、90 后、00 后已成为市场主流群体，他们对于方便、品质、营养、健康的食品关注度愈来愈高，在懒人经济浪潮下，半成品市场或将成为行业发展新动力。

生鲜对于消费者来说最重要的莫过于"鲜"字，所以，在前端用"快"的形式抓住鲜，而后端也必须采用一定的技术手段做好运输和储存工作，只有这样，才能真正保证生鲜的"鲜"，才能使得生鲜运营者走得更加长远。

三、生鲜电商商业模式的三次变革

按照生鲜电商行业的发展阶段，并结合其商业模式和物流模式的发展，可以将生鲜电商的商业模式分为"以 B2C 为导向的垂直型生鲜电商"的 1.0 时代、"线上线下协同的'新零售+前置仓'模式"的 2.0 时代和"多种商业模式混合经营"的 3.0 时代。每个时代在商业模式和物流模式上都有巨大的改进,弥补了前一时代的不足。

(一) 生鲜电商 1.0:以 B2C 为导向的垂直型生鲜电商

1. 物流模式:源头统一仓储+冷链+城配

2005 年易果生鲜成立。该平台以售卖中高档食材为主,采取大仓直送的模式。易果生鲜以货源地直采和高效的冷链配送系统闻名,它的成功在很大程度上依靠其自身高效的冷链配送系统。安鲜达从易果生鲜创立伊始就作为其物流部门从事生鲜冷链运输、宅配工作。随着市场需求、企业战略的调整,于 2018 年正式转变为物流公司;同年 5 月,易果集团又推出"驯鹿冷链"。与安鲜达不同的是,驯鹿冷链依托于冷链仓储和运输技术专注于干线的冷链物流配送。在供应链方面,易果采取了源头统一仓储,通过驯鹿冷链配送至片区仓储中心,再由安鲜达物流进行城配至消费者手中的方式。

同样在物流方面具有丰富经验的还有另一家企业——顺丰集团。与易果生鲜不同的是,顺丰集团的主业为物流配送,是在生鲜电商爆发后才于 2012 年加入生鲜电商行业。顺丰作为我国物流行业的领军企业,凭借着优秀的物流系统于 2012 年推出了顺丰优选。2013 年,顺丰将常温商品铺设到了上海、深圳、广州等一线城市,并且在天津增设了冷链配送服务;顺丰优选一开始就瞄准了中高档生鲜在电商行业的空缺,进入了生鲜电商的 B2C 领域。其利用顺丰的物流技术,在商品的源头直采,利用航空运输直达城市中心仓,再由团队城配至消费者手中。

生鲜电商 1.0 时代平台的配送模式多为:由原产地仓库运输至片区仓储中心,再由自身或第三方城配团队配送至消费者手中。在该阶段,平台所打出的口号为"次日达"。

2. 弊端:"次日达"不适合生鲜商品消费频次高的特点,高频市场未被开发

与国外不同的是,中国人普遍不喜欢从冰箱中取出的食材,当日食材当日购买是中国生鲜市场的特点。因此,总的来说,我国的生鲜市场具有高频、刚需的特点。结合客单价与消费频次考虑,该阶段的客单价普遍较高,但消费频次低。在生鲜电商 1.0 时代,各大平台提供的普遍为"次日达"业务。在该阶段,在生鲜网购用户的消费行为中,水果是用户购买频率最高的品类,最常购买品类为水果的用户约占总用户的三成。其次为乳制品和蔬菜。消费者只愿意在网上购买不着急食用的水果,而日常生活中需要每日消费的日消品,如海鲜、肉制品、蛋类、蔬菜等却不经常通过此途径购买。

此阶段的生鲜电商只挖掘了生鲜市场的水果和部分生鲜板块的市场,消费者高频购买

的蔬菜、水产和肉禽蛋市场板块尚未完全开发。

（二）生鲜电商2.0：线上线下协同的"新零售、新场景"

1. 商业模式：新零售

我国在生鲜电商2.0时期初期照搬了国外的O2O模式，但是经过了2~3年的磨合以后，越来越多的平台发现光靠O2O模式是行不通的，经过几年的运营实践后又提出了建立在O2O基础上的、依托互联网和物联网技术、通过大数据分析和场景营销等模式将线上消费与线下体验深度融合的"新零售"模式。此后类似于盒马鲜生的"新零售+前置仓"模式被越来越多的平台所接受。

2. 物流模式：前置仓+城配

在生鲜电商2.0的模式下，"前置仓+城配"的模式似乎成了解决"最后一公里"问题最为有效的方法。盒马鲜生和每日优鲜等平台纷纷采取该种方式来布局自身的供应链，以打通末端物流解决"最后一公里"的问题。

每日优鲜是一个成立于2014年，围绕着老百姓餐桌的O2O生鲜平台。2015年，每日优鲜的第一个前置仓在北京望京开业，前置仓模式的实质为建立在"城市分选+社区前置仓"基础上的呈二级分布的仓储体系。前置仓是每日优鲜在2.0时代的重大优势之一。每日优鲜根据APP上的订单做出分析，在订单密集的商圈和社区附近建立前置仓，每个前置仓都辐射到附近3千米的范围，将商品从"次日达"变为了"30分钟到家"。

2015年成立的盒马鲜生是生鲜电商领域前置仓模式的代表，在2016年盒马搭建了第一家线下实体店。对于盒马来说，线下实体店就是前置仓。这一举措帮助阿里在生鲜电商的布局上向供应链末端迈进了一大步。盒马鲜生实体店最大的特点就是集餐饮、体验与购物于一体以及快速配送服务。"30分钟到家"也是盒马鲜生诞生以来的第一个目标。为了实现这一目标，盒马鲜生又推出了一大四小的商业模式。所谓"一大四小"模式，就是指盒马鲜生线下大店和更小更为精简的盒马F2便利店、盒马mini店、盒马菜市和盒马小站一同发展。此外在宁波，盒马鲜生还与同为阿里系的社区超市三江购物合作。这些小规模的店围绕在盒马线下店的周围形成聚集效应，配合盒马鲜生的前置仓模式，将"30分钟到家"服务真正变为现实。其实，盒马鲜生便利店对阿里来说是一个更为合适的实现目标的途径，盒马便利店相较于盒马线下店，更加靠近消费群体；相较于线下店更加前置，以达到急速配送的目标。

生鲜电商2.0时代平台的配送模式多为：由原产地仓库运输至片区仓储中心，再由片区仓储中心通过冷链运输至前置仓，最后由自身或第三方城配团队配送至消费者手中。在该阶段，平台所打出的口号由1.0模式的"次日达"转变为"30分钟到家"。

3. 与1.0时代相比仓储前置

由"次日达"演变为"30分钟到家"，解决"最后一公里"问题。

"最后一公里"问题一直是生鲜电商的痛点。解决该问题不但可以降低企业物流成本、提升物流效率和消费者满意度，更是可以提升企业的商业价值。

第一，末端物流成本降低、物流效率提升。

与生鲜电商1.0时代相比，在1.0时代商品有片区储存中心运送至消费者手中一般采取冷藏车配送；而2.0时代，配送范围局限于以前置仓为中心的3千米范围内，配送员只需要骑电瓶车派送。企业在供应链末端的成本大大降低。

第二，商品品质得到保障。

在1.0时代为了降低冷藏车运输成本，物流会将不同商品共同储存进行沿途配送，生鲜商品品类繁多，冷藏冷冻混装以及冷链运输时间较长，会在很大程度上影响生鲜品质；2.0时代派送员只须在前置仓辐射3千米范围内进行配送，"30分钟到家"意味着生鲜从前置仓出发到到达消费者手中最长时间不会超过30分钟，冷链断链的风险和时长大大减小，商品品质得以保证。

（三）生鲜电商3.0：多种商业模式混合经营

生鲜电商企业经历了数十载的发展之后，也逐渐找到了适合自身发展的商业模式。现阶段生鲜电商中B2C模式的竞争较为激烈，以新零售和O2O为代表的模式的终端都为顾客，而B2B和C2B等模式却相对较少被提及。近几年来，易果生鲜正在进行战略转型由B2C向B2B转变。易果生鲜通过与阿里和苏宁进行合作，一方面，获得天猫超市生鲜板块和苏鲜生的独家运营权；另一方面，更是获得了充足的资金。易果集团的融资使得易果建立起了商业壁垒，为日后的"深耕物流、全渠道、供应链"的建设提供资金保障。

此外以食享会、考拉精选为代表的平台开启了生鲜团购活动，将商业模式转变为C2B，整合客户资源通过增加交易规模的方式来降低物流成本；百果园、永辉等老牌生鲜商超，通过自营或与第三方合作的方式转型为线上线下同步经营。由于该类平台原本就有线下仓储，因此，该种转型在仓储方面的投入较轻。

在生鲜电商3.0时代，各企业会逐渐形成自身擅长的商业模式进行深耕，生鲜电商商业模式逐渐多元化，各种商业模式并存。但不论平台采用了何种商业模式，其最终都是为了降低物流成本和提高消费便捷性与用户体验。

第三节 生鲜电商平台商业模式的构建与分析

一、季节性、区域性生鲜成为各平台争相加入的领域

随着社会的发展，人们已经由吃得饱向吃得好转变，过去鲜有人问津的中高档生鲜也逐渐走向大众的餐桌。2019年，网络上不断涌现出与水果有关的新兴词语，比如，"车厘子自由""荔枝自由"。由此可见大众对生鲜水果的需求已经不再局限于普通的水果，诸如西瓜、苹果、橘子等，而是向更高层次的中高端水果迈进。

受冷链物流的限制，过去优质的季节性、区域性生鲜商品只能采取线下的方式在原产地周边城市售卖，随着冷链技术的发展，越来越多的生鲜电商企业和冷链物流企业争相加入中高端季节性、区域性生鲜之争。在过去的几年中，顺丰优选、易果生鲜、盒马鲜生、京东生鲜、每日优鲜等平台都加入到时令水果和生鲜的行业中来。此外，上述企业都与全球各地的生鲜产品供应商签订了合作协议。

该类生鲜商品的特有属性——季节性、区域性，是企业得以实现商品溢价的主要途径。但也正是这两大特性对企业在供应链方面提出了更高的要求。

（一）出售中高档季节性、区域性生鲜成为企业实现溢价的最优途径

在生鲜电商行业，除了日消品之外，绝大部分的生鲜都会受季节和产地的影响，这类季节性生鲜商品除了大闸蟹之外还有车厘子、橙子、榴莲、猕猴桃等。此外，与海鲜、肉禽蛋相比，水果受季节和产地的影响尤为显著。季节性、区域性生鲜水果往往都是各大平台争抢的主要目标，因为该类商品国内市场需求较大，但在其原产地却可能并不热销，生鲜电商企业利用这种信息不对称以及高效的物流，从国外采购大批量季节性水果，然后在国内以合适的价格出售以实现商品溢价。

以樱桃为例。在樱桃界有一种贵族叫车厘子，而在网络上有一个词语叫作"车厘子自由"，因为车厘子昂贵的价格，人们并不能放开肚子大吃特吃，但在智利，车厘子的价格折合成人民币却不到3元/斤。智利早在2008年就与我国签订了议定书，车厘子获批进入我国市场。除了智利之外，与中国生鲜平台签订合作协议的国家还有美国、乌兹别克斯坦、土耳其、加拿大等国家。并且受原产地的影响，中国的消费者一年四季的绝大部分时间都可以吃到来自全球各地的车厘子。

除了车厘子，我国的山东大樱桃也是生鲜电商平台争相采购的品种之一。山东作为我

国樱桃的主要产地,其樱桃的市场批发价大概在 10 元/斤,从山东发往江浙沪的运费约为 8 元钱/斤,发往京津冀为 7 元钱/斤,但在各大平台上的均价为 50 元左右/斤。除去仓储和人工成本,各平台在山东大樱桃上的溢价相较于普通商品还是十分可观的。然而进口车厘子,根据品级的不同价格在 90~200 元/斤不等,而其在原产地的批发成本甚至比国内的大樱桃还要便宜。因此,当有国外的车厘子可供采购时,各大出售樱桃的平台还是普遍更愿意采购国外的车厘子。

除了车厘子之外,中国的榴莲大都从泰国和马来西亚进口,橙子则来自澳大利亚,猕猴桃则来自新西兰和智利。受产地的影响,这些进口水果的品质远远好于中国自产,且采购价格又远低于国内。因此,随着冷链物流和国际航空的发展,物流能力显著提升,从国外采购优质的季节性水果成为各大平台的不二之选,也是实现商品溢价的最优途径。

(二) 对季节性、区域性生鲜商品基于供应链的分析

1. 原产地对生鲜品质的影响大

生鲜具有自然属性,其与一般商品的不同之处在于生鲜商品的品质受产地的影响非常大。以樱桃为例,在我国普遍将进口樱桃称为车厘子,而国产的中高档樱桃则称为大樱桃。智利和乌兹别克斯坦的车厘子受阳光和温度的影响,在肉质方面比国产的大樱桃要紧实很多;此外其果皮较厚,果粒较大。这些特性是智利和乌兹别克斯坦当地的地理环境所赋予的,也是通过其他手段所达不到的。也正是这些特性使得智利和乌兹别克斯坦的车厘子在口感上更好,在冷链运输上的腐损率也更低。

2. 在商品品质方面把控严格

因为会购买中高档生鲜的消费者往往对商品品质的要求较高,其不同于一般的日消类生鲜商品,各大平台在出售时往往会经过精心挑选和包装。其实,不光在销售阶段,在供应链的每一阶段,各大平台对该类商品品质的把控都是十分严格的。在采购阶段,企业往往会制定各种准则将商品挑选、分级和包装;在冷链物流阶段,企业会制定不同的准则,包括冷链保鲜方面的准则、储存的准则、配送的准则等,以求将商品高质量地送到消费者手中。

3. 采取空运等方式确保运输效率

随着国际航空的发展,我国现阶段进口生鲜多采用空运的方式。一批车厘子从树上摘下、分拣装箱后乘坐国际航班来到我国,再进入各大生鲜平台的仓库中最快只要不到一天的时间,最慢也不会超过两天。而在我国国内,高铁的快速发展也为我国的冷链物流增添了动力。在 2018 年,中国铁路总局与顺丰集团达成了合作,组建了中铁顺丰。除了我们

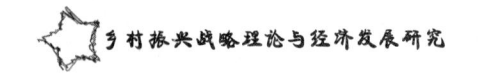

熟知的山东大樱桃之外，草莓、苹果、杨梅等季节性、区域性的水果也通过高铁从原产地运往了全国。

在现阶段，冷链物流系统的中间环节——物流企业已经发展得较好。哪怕是进口商品运输时长通常也不会超过48小时。高效的冷链运输体系，在降低腐损率和成本、提高商品品质方面具有重要意义。

4. 企业通过货源地直采和冷链物流的规模效应来降低成本

生鲜电商平台在源头成本相同的情况下，想要在供应链终端创造出比其他平台更多的消费溢价是十分困难的。因此，想要创造出更多的商品溢价实现盈利就要在货源上控制成本。通过与原产地供应商直接合作，商家只须将水果采摘分拣后交给各平台即可。平台自行包装，其收购成本大大降低，又可以实现商品源头的标准化，为降低冷链物流的成本做准备。

此外，生鲜电商离不开冷链物流，而冷链物流具有规模效应，大批量订单的优势不仅体现在成本控制上，更是体现在仓储、冷链物流等固定费用的摊销成本上，适当增大规模可以降低每件单品的平均成本。但一味地追逐规模效应也是不可取的。以顺丰为例，其虽有强大的物流能力，但其用户消化订单的能力远不及京东和天猫。

总的来说，企业想要控制成本可以从货源采购和冷链物流两个方面来实现；并且从中高档季节性、区域性生鲜商品来看，该类商品在原产地售价并不高，甚至会出现没有人买的情况；而通过其他途径收购，采购成本就会非常巨大。因此，对于该类生鲜商品来说，采购方式对成本的影响巨大。

中高档的季节性、区域性生鲜因为其可以产生较高的商品溢价，已经成为各大平台争相加入的领域。但该类商品的货源地对采购成本和商品品质的影响很大，因此，对企业供应链的要求很高。企业想要以较少的成本取得优质的货源，就必须采取货源地直采的方式；并且在采购的成本上要根据企业自身的状况进行调整，以寻得适合企业状况的采购规模，避免少量多次采购和积货等情况的发生。此外，该类商品的目标群体一般对商品品质的要求较高，因此，企业要在供应链的各个环节做好商品品质方面的把控。最后，我国现阶段冷链体系的中间环节——货源地运送至片区仓，已经比较完善，企业应该将重心放在"最后一公里"的配送问题上。

二、基于现阶段主流生鲜电商平台的分析

（一）阿里系生鲜电商

阿里巴巴在进入生鲜电商领域后，通过自建、控股等方式逐渐打造出一个集供应链、引流平台、末端配送为一体的生态圈闭环。结合生鲜行业SKU众多的特点，随着市场的

进一步发展，阿里对供应链的源头与末端的要求进一步增加。因此，让拥有安鲜达和云像供应链的易果集团专门负责供应链源头，拥有前置仓的盒马鲜生负责供应链末端，是阿里在经过了深思熟虑之后的重要战略转型。

1. 易果生鲜——货源与冷链物流

易果生鲜成立于 2005 年，并于 2016 年转型成易果集团。自 2012 年起，易果集团背靠阿里获得了阿里的多次投资，屡次创下了生鲜电商行业的融资新高。在阿里的多轮融资后，易果生鲜逐渐进入了阿里的生态圈，由单一的 B2C 模式转向了 B2C、B2B 和 O2O 模式并存的商业模式。2015 年，易果集团将旗下的冷链物流部门独立出去，成立了安鲜达物流科技有限公司。2016 年 11 月，易果又与阿里持股的苏宁合作，独家运营苏鲜生，为苏鲜生的线下实体店供货。此外，易果集团还在不断地进行前置仓的布局。

截至现在，据易果生鲜官网的数据显示，易果生鲜已拥有超过 1 万名员工，在全国 15 大城市拥有 4 个基地，冷链系统覆盖了全国 310 个城市。

（1）货源采购

易果生鲜所提供的生鲜品类已经超过 4000 种。其货源地覆盖了全球 6 大洲的 36 个国家和地区。在企业发展的过程中，易果生鲜与泰国政府合作，以投资的方式获得了新加坡健康食品公司 SUNMOON 51% 的股权。易果集团加强海外投资就是为了提高其在货源采购和供应链方面的能力。而现如今，其在供应链的实力是有目共睹的。

（2）冷链系统

安鲜达是易果集团旗下的生鲜冷链物流管理公司，专门从事冷链物流的末端配送工作；此外，易果集团还开发了驯鹿冷链，与安鲜达不同的是，驯鹿冷链依托于冷链仓储和运输技术专注于干线的冷链物流配送。在物联网布局上，截至今日，易果集团已经在全国 15 大城市布局了大型基地，其物联网覆盖了我国 310 个城市。

（3）销售渠道

在销售渠道方面，易果生鲜几乎覆盖了方方面面。B2C：易果生鲜以垂直型生鲜类 B2C 平台问世，易果原有的易果生鲜官网、易果生鲜 APP 等平台已经为易果集团积累了稳定的客源，在与阿里联合加入阿里的生态圈后，天猫和苏宁端口的接入为易果带来了更多的线上用户。B2B：易果生鲜以其优质的货源和高效的冷链系统闻名，除了与天猫和苏宁的合作之外，还与阿里旗下的盒马鲜生、饿了么等平台进行合作。除了 B2B 和 B2C 这两大主要的销售渠道以外，易果还为大卖场、便利店等提供服务，其销售模式包含了各类零售场景，为消费者与合作企业提供了各种生鲜品类的在货源、储存、运输等方面的解决方案。

（4）配送方式

365天全年无休是易果集团做出的承诺。此外，其依靠强大的安鲜达物流可以将配送时间精确到半小时以内。预约达、次日达、当日达、极速达都可以实现。

（5）生鲜云

此外，值得一提的是，易果集团的创始人金光磊于2017年首次提出了生鲜云的概念。生鲜云的模块包括商品采购、冷链系统、低温仓储、物流配送、大数据、商品品类规划、市场营销、IT技术支持、商品的包装与加工等多个板块。但易果的生鲜云并不是这些板块的杂糅，其会根据合作企业的特性重新对这些板块进行组合，形成适合该企业的特定板块。截至目前，易果已将生鲜云赋能给了包含天猫生鲜超市、苏鲜生在内的众多生鲜电商平台。

2. 盒马鲜生——新零售+前置仓

盒马鲜生是阿里最近几年的发展重心所在，阿里在发展初期只是想建立前置仓，但前置仓模式十分烧钱，这点是毫无疑问的。阿里为了解决这一问题，于是找到了一种"新零售+前置仓"的模式，盒马鲜生线下店，这既是一家超市，又是一家餐馆，同时还承担着仓储的任务。前置仓在实现自身储存功能的同时，又可以通过售卖商品、服务通过餐饮增加商品溢价的方式实现收益，降低前置仓的成本。盒马鲜生开创了"新零售+前置仓"的模式，打通了线上线下环节，在很大程度上解决了"最后一公里"问题，也依靠新零售降低了前置仓的成本。

（1）"新零售"

在商品同质化严重的生鲜领域，企业光靠价格和广告已经难以吸引用户。因此，企业越来越重视用户体验，那么如何吸引用户来体验并提升消费者体验感呢？盒马鲜生就此提出了"新零售"。新零售将消费者的行为具体化，讲究场景化营销。其在场景营销方面主要包括了：消费者是哪一群体、消费者在何时以及什么样的情况下进入这个场景、消费者在这个场景中会发生什么样的问题，消费者需要我们做些什么，我们可以如何帮助消费者解决这些问题。

盒马鲜生将线下店的场景营销做到了极致。盒马鲜生实体店内，你可以在挑选完生鲜商品后，让盒马厨房帮你加工，在盒马餐厅享用。在盒马线下店内是不允许使用现金以及微信支付的，因此，它已经将用户群体限定在了可以操作智能手机的中青年人群体；该类群体一般为上班族或者大学生群体，他们易于接受新鲜事物，更加注重商品的品质而对价格较为不敏感；该类群体生活节奏较快，年龄在25~45岁之间的群体大多已经参加工作，或成家或独居，快节奏的生活使得他们更加愿意去购买已经分拣包装、方便清洗的生鲜或者已经为成品的熟食。而年龄在 18~24 岁的群体大多为学生，自主生活能力较低、更偏向于在盒马餐厅就餐或者购买熟食。因此，盒马线下店设立解决了青年人生活节奏快、对成品需求较大的问题。

（2）"前置仓"

前置仓的建立在很大程度上帮助盒马鲜生解决了"最后一公里"的问题，也是阿里系生鲜电商脱颖而出的利器。在网络上有一个新兴的名词叫作"盒区房"。盒区房也就意味着该住所在盒马鲜生线下店可以覆盖的 3 千米范围之内。盒马鲜生以盒马线下店为中心，在其辐射范围 3 千米之内采取配送员配送的方式实现"30 分钟到家"服务。此外，为了将仓储进一步前置，盒马鲜生又推出了"一大四小"模式——以盒马鲜生线下店为中心，开设面积更小更为精简的盒马 F2 便利店、盒马 mini 店、盒马菜市和盒马小站。这些小的门店大都设立在商圈、社区等人员密集的地方，一来增加了客流量与曝光率；二来使得仓储更加贴近消费者，进一步提升覆盖范围，提高配送效率。此外，这些小店的设立，可以减缓盒马在建立前置仓方面巨大的资金压力。

3. 天猫生鲜超市——线上引流

天猫超市是阿里旗下的本地网上零售超市，其承诺的次日达、指定时间送达等配送服务深受用户的喜爱。在淘宝首页便有天猫超市的入口，而淘宝作为大家最熟悉的网上购物商城，其忠实顾客数量巨大，因此，天猫超市作为淘宝的一部分，所覆盖的顾客基数也是非常庞大的。

天猫超市作为一个综合类 B2C 平台也经营了生鲜板块，其实，在阿里旗下的生鲜平台并不少。如喵鲜生、淘鲜达等。其中，喵鲜生给自身的定位为中高端生鲜市场，以进口商品为主，其覆盖的消费者群体一般为中高端人士，客单价较高但消费频次低；淘鲜达则主打农副商品、国内原产地直供；天猫超市的生鲜板块给自身的定位是消费者日常生鲜食材，该类生鲜商品消费者的购买频次最高。但想要经营好该类生鲜商品，对企业有一个高要求——消费者购物的便捷性和物流的高效性。

阿里分别于 2012 年、2014 年、2016 年等向易果生鲜进行了多轮投资活动。在多轮融资活动后，易果生鲜进入了阿里的生态圈。此后天猫超市的生鲜板块由易果生鲜独家运营，冷链物流由易果集团旗下的安鲜达物流完成。

2018 年 12 月，天猫超市生鲜板块再度进行战略转型。阿里集团宣布，此前由易果生鲜负责的天猫超市生鲜板块独家运营权转交给盒马鲜生，进一步打通线上线下，加速阿里在生鲜方面的供应链建设。

生鲜商业闭环初步形成，易果、天猫超市生鲜板块、盒马鲜生三大平台分工明确。通过对阿里系三大平台的分析，我们不难发现，易果、天猫超市生鲜板块、盒马鲜生三大平台形成了一个商业闭环。易果生鲜在终止了与天猫超市的合作后，退出了 TO C 端口后，它们三者的分工更加明确——天猫超市负责 TO C 的线上引流活动；易果生鲜则继续向供应链的上游走，负责 TO B 事项，包括供应链上端的云像供应链，以及供应链下端的驯鹿冷链干线和安鲜达配送；盒马鲜生则负责线下新场景的建立和末端配送。

（二）腾讯系生鲜电商

腾讯依靠着自身的社群开展了生鲜电商活动，其依靠社交流量的优势（以微信入口为主导）开展了一系列创新的生鲜电商营销模式，诸如拼多多的水果拼团等。腾讯投资的生鲜电商企业主要有每日优鲜、拼多多、永辉超市、超级物种等。

1. 永辉

永辉超市成立于1998年，是中国首批将生鲜农引进超市售卖的企业之一。生鲜经营是永辉最大的特色，也是优势项目。在一家永辉超市中，其生鲜品类货架约占超市总面积的 30%~40%。永辉超市凭借着优秀的供应链管理能力在生鲜产品上表现优秀，打败了许多同类型的超市，如沃尔玛、麦德龙等。

此外，为了顺应生鲜市场电商化的特点，永辉又孵化了永辉云创事业部。永辉云创事业部主要包含了三个项目部，分别为永辉生活、超级物种以及前置仓永辉到家。

（1）永辉超市

永辉超市在生鲜板块优秀的业绩离不开其强大的供应链。在供应链的采购和门店上架环节，永辉都将低成本和高效率做到了极致。

在货品采购环节，中高档进口商品或者大批量的商品一般由企业采取货源地直采的方式，而消费频次高的普通生鲜商品则是由区域买手通过实地考察的方式与当地的供应商签订合作条款，再由供应商配送至各门店的方式；而真正帮助永辉提高竞争力的，正是这些高频次的日常生鲜商品。在永辉超市，这些日常的高频次生鲜商品每日的上货频率在一至两次，在进行促销等活动时甚至会超过两次。对于这些量大消费频次高的商品，采取区域直采的方式有助于永辉超市及时补货，将商品库存保持在一定范围内，这样既可以满足消费者需求，又可以保持货品的新鲜度。

在门店上架环节，永辉超市的生鲜在价格上往往低于市场，但他们对生鲜品质的要求还是非常高的。为了更好地控制生鲜商品品质，永辉员工的上班时间采取"三班倒"模式。夜班的员工负责对商品进一步细加工，在商品送到门店后，夜班的员工会连夜进行验收、分选和包装；早班的员工负责在开店前将商品整齐放置在货架上；而白班的员工则负责时刻留意货品的数量在必要时进行补货处理,此外还要根据当天市场的反应、商品的品质等及时调整货品的价格。永辉超市的"三班倒"模式极大地提高了超市的运作效率,使得顾客在超市一开门便可以买到想要的商品;也正是永辉超市对价格极高的敏感度,使得其生鲜品类商品的价格具有优势,广泛地被大众所接受。

(2)永辉云创板块

永辉云创作为永辉超市孵化出来的产业,主要包含了:社区生鲜店永辉生活新零售超级物种和负责末端配送的前置仓到家服务——永辉到家。

永辉生活:永辉生活的定位为"比永辉超市更精致的社区便利店",其商品主要涵盖了水果、生鲜以及熟食等。此外,永辉生活也推出了线上 APP 用户在平台上下单,配送员会在 30~60 分钟之内将商品送达。作为一家社区便利店,其竞争对手不光有同类型的平台,还有社区周围的传统便利店和菜市场;而作为线上平台,其主要的竞争对手又有京东到家、盒马鲜生等平台。

超级物种:2017 年首家超级物种在永辉超市的大本营福州开业,这家超级物种占地在 500 平方米左右。其售卖的商品主要为进口的中高档商品,80%的商品和生鲜都是从国外进口的。在超级物种中共有八个板块,分别为花点时间花坊、麦子工坊、鳜鱼工坊、波龙工坊、盒牛工坊、有机生活果坊、咏悦汇和生活厨房。从这八个板块的名字中我们不难发现,超级物种主营的商品品类为中高档进口生鲜商品和有机商品。

超级物种所采用的模式也与盒马鲜生相类似——"餐饮+零售"。其实,采取该种模式的除了超级物种和盒马鲜生以外,还有采取"低价、亲民、便利"定位的便利店如全家、7-11、罗森等。但在该类便利店中出售的商品主要为乳制品、烘焙食品、便当以及水果,商品走经济实惠路线,与超级物种的目标用户重合度不高。因此,现阶段超级物种的主要竞争对手还是盒马鲜生。

永辉到家:永辉到家是永辉云创板块的另一个重要布局。截至 2019 年 6 月,根据永辉云创的联合创始人张晓辉介绍,永辉到家 APP 的日订单量已经超过 6 万,其中,有超过一半的订单来自微信小程序。目前,永辉到家在福州、厦门和上海等地已经落地的卫星仓有 30 多家。而福州作为永辉超市的发源地,单仓的日订单量就可以超过 6000 单。

永辉到家采取的卫星仓模式,换句话说,就是在前文中所提到的前置仓模式。与盒马鲜生的前置仓模式相比,永辉到家的卫星仓明显要小很多,但永辉到家的卫星仓密度远远高于盒马鲜生的前置仓,覆盖范围较大。高密度的卫星仓帮助永辉到家在 30 分钟之内就可以将货品送至消费者的手中。永辉到家在 30 分钟之内的履约率高达 99%。

永辉云创对于三个板块的定位十分清晰:永辉生活主打社区便利店,平价生鲜水果占比较重,满足社区居民的日常生活需求;超级物种作为"餐饮+零售"的体验店,主打用户线下体验，商品定位较高，因此，它的店铺也经常选址于商圈等中高档人士频繁出入的地方；永辉到家主打供应链的末端配送，高密度的卫星仓强有力地保障了永辉到家的配送效率。

永辉云创板块主打生鲜电商化。与盒马鲜生不同的是，永辉选择了将零售与前置仓拆分采取小而密集的模式，而盒马的选择是前置仓与零售相结合，前置仓较大但同时也承担了零售的职能。这两种模式各有各的优缺点。大店模式对资金要求较高，短时间内想要大规模覆盖较难，但店仓结合的方式可以提高资源利用率降低成本；前置仓与零售拆分模式有利于永辉千店千面的发展战略的实施，对资金链的压力相对较小，可以快速地提高前置仓的覆盖率，但仓储与店名分离的模式无法很好地降低仓储建设、运营方面的成本。

2. 每日优鲜

每日优鲜自2014年成立以来，一直专注于O2O的发展模式，在五年多的时间里经历了七轮融资，融资金额超过了8亿美元。每日优鲜的快速成长离不开对用户的准确定位，他们根据市场充分提高了自身在供应链上的效率；通过会员制度充分实现社群营销，使得企业的营销成本大大降低，最终实现盈利。

（1）用户分析

结合每日优鲜的口号"过不将就的生活，从吃好一点开始"。每日优鲜的目标用户主要为年轻的职场女性。

在每日优鲜的用户中，女性用户的占比远远大于男性，且消费者的年龄普遍聚集在25~40岁之间。这一阶段的女性大都为80后和90后，深受互联网的影响；再者在一个家庭中，买菜做饭的往往都是女性。这类25~40岁之间的新时代女性，另一方面要忍受工作上的高压，一方面又要照顾家庭的饮食起居，在上班时通过APP下单，下班回到家后便可以收到食材，省时省力。

此外，每日优鲜相信在2023—2025年间90后甚至是00后会成为消费的主力军，他们更加喜欢经过加工、包装的商品。每日优鲜正是瞄准了消费者的这一特征，实现了爆发式的增长。

（2）配送模式

每日优鲜为了实现自身在配送上的优势，同样建立起了"城市分选中心+前置仓"的模式。其配送模式大体上与盒马鲜生相似，配送员从前置仓出发在前置仓辐射范围3千米之内进行配送。

（3）盈利模式

每日优鲜是为数不多的实现盈利的生鲜电商之一，其在一线城市已经全面实现盈利。

每日优鲜的盈利模式离不开其"会员制"的模式，会员付费收入占总收入的85%。加入会员可以享受最高50%的优惠。此外，每日优鲜还推出了每日优鲜会员小店的模式，会员可以入驻每日优鲜成为店主，通过微信等社交软件将商品推广出去。若有用户通过店主的推广下单，店主可以获得5%的返利。给予会员的优惠和返利，一方面留住了客源、提高顾客的重复购买率；另一方面让用户主动进行社群营销，大大降低了企业在营销方面的费用，最终实现企业与用户的双赢。

不同于阿里系，腾讯系生鲜平台尚未形成闭环，但营销模式新颖，很好地利用了腾讯的社群流量。

与阿里系不同的是，腾讯并没有形成完整的商业闭环，各平台独自经营。但是腾讯系的企业具有阿里系所不具备的社群流量。每日优鲜推出的会员小店、拼多多的水果生鲜拼团活动，都很好地利用了腾讯端口（特别是微信客户端）的社交流量。值得一提的是，拼多多的拼团、邀请好友助力等活动，更是吸引了一大批中老年用户，这些群体本身不擅长使用电子产品，但在同龄人的引导下可以快速掌握拼多多的使用，这是阿里系所不具有的优势。因此，在消费者群体上，基于腾讯的社群流量，腾讯系的生鲜电商平台可以很好地利用微信进行营销，其营销方式得到创新，成本大大降低。

（三）京东生鲜

京东在生鲜板块可以分为京东生鲜、京东到家和7FRESH三个板块。虽同为京东旗下的生鲜平台，但三者在目标用户、配送时效和物流模式上还是有较大差别的。

1. 京东生鲜

京东生鲜直接以京东APP为接口，是传统的综合类B2C平台，生鲜订单可与其他商品同时下单，但是在支付后可以选择预定送达的时间。此外，京东生鲜还拥有独立的小程序APP。京东生鲜根据下单用户的消费喜好、区域密集程度等数据完善了冷链系统。在仓储方面，京东建立了四类温区，分别是常温、控温、冷藏和冷冻，以满足不同生鲜商品的储存需求。目前，京东生鲜已经在全国18个地区建立了一级仓储中心，超过300个城市支持配送，小型配送站点已经超过了5000个。在众多的消费者下单后，总仓会将同一地区的订单进行归类，统一由京东自建的物流运送至片区储存仓，再经过分拣由小型配送站的配送员配送至消费者手中。

值得注意的是，京东生鲜受其供应链的影响，商品以高端生鲜为主，若为大众生鲜则包装大单价高。总体来说，京东生鲜客单价高消费频率低，缺少人们所需的高频低价商品。此外，京东生鲜的配送效率在不同城市有很大的区别，在京东物流较发达地区，部分生鲜支持次日达甚至支持当日达,但在京东物流覆盖不广泛地区,需要两到三天达。

2. 京东到家

京东到家是一个综合型电商平台,其商品范围不光涉及水果蔬菜等生鲜,还涉及化妆品、日用品等品类,甚至还涵盖了药品。

在配送模式上,与京东生鲜不同的是,京东到家主打"两小时到家"服务,京东到家在末端配送方面也是前置仓发货,但其前置仓并不是自建的,而是采取与当地超市等企业合作的方式。我们熟知的屈臣氏、永辉超市和沃尔玛等都与京东到家存在合作关系,因此,你在京东到家下单的商品中可能一部分来自一家超市,而另一部分来自另一家超市。京东到家的取货环节由于较为复杂,因此,它在配送效率上远不及每日优鲜和盒马鲜生。

在消费群体上,根据京东到家发布的数据报告显示,京东到家的主要消费群体为80后、90后年轻女性。这类群体有一大特点,就是她们要将有限的精力分配给父母、丈夫、儿女以及上班族等多种属性。此外,从群体的消费占比上来看,受其主要消费群体的影响,热销榜的前五位分别为水果、牛奶、蔬菜、零食和饮料,生鲜商品占比超过消费总需求的五成。

3. 7 FRESH

7 FRESH 是京东于2018年初创立的线下体验超市,其门店主要开在大型商场等人员密集处。7 FRESH 的目标用户为社区居民、写字楼白领,因此,它的商品类别与大多数的高档商超相似,覆盖了水果、蔬菜、海鲜、肉、蛋等品类。在7 FRESH,你也可以将选中的商品交给厨房,经过处理后在门店内直接食用。

与其他的线下新零售不同的是,它们在门店内安装了智能溯源系统,消费者只要将选定的商品放置在指定区域,就可以了解到该商品的产地、甜度、食用方法等主要信息。而这类信息一般只有比较注重商品品质的用户才会关注,这也与7 FRESH 想要做高档生鲜线下超市的初衷相关。

在配送方面,与每日优鲜和盒马鲜生的配送方式相类似,也是以门店为中心向四周辐射3千米。在该范围内进行配送做到"30分钟到家"。用户在平台下单后,打包员将货品打包后放至门店中的悬挂链上,悬挂链将订单信息输送给京东配送和达达众包,以确保订单在第一时间可以找到相对应的配送员。

京东在生鲜平台的布局上,经历了从京东生鲜,到京东到家,再到7 FRESH 的发展。此外,京东还在北京建立了多个前置仓。但与永辉和阿里不同的是,京东自身作为一个企业并没有很好地形成闭环。京东商城以其自营物流闻名,但其在生鲜行业的线下配送远不及阿里来得高效,这也与京东在生鲜方面始终坚持使用自营物流、大仓出库的模式有关。

第六章　乡村产业的绿色发展之路

第一节　乡村绿色发展的基本特征

一、资源节约与循环利用

要实现乡村振兴中的资源节约与循环利用，首先要明确乡村有哪些自然资源。乡村自然资源种类丰富多样，以耗竭性为标准，分为耗竭性资源和非耗竭性资源。

乡村自然资源有着自身的特点，具体包括以下几点：

1. 整体性。乡村的各种自然资源是相互联系、相互制约的。在开发利用过程中，要注意资源的内在联系性，树立整体性观念。

2. 地域性。乡村自然资源的分布和组合有明显的地域性。地域性特点能促进乡村发展，也可能限制乡村发展。必须充分认识和掌握本地区的资源特点和资源优势，因地制宜地开发利用自然资源。

3. 多样性。乡村自然资源具有多种功能、多种用途，既可用于农业生产，又可为工业生产所利用；既可用于发展乡村旅游业，又可改善乡村生活环境。

4. 有限性。自然资源是有限的，即使是再生性资源，在人类高强度开发利用的情况下也会失去再生能力。一方面要合理利用和保护资源；另一方面要利用先进的科学技术，增加自然资源利用的种类，扩大自然资源利用的范围。

实现乡村绿色发展，解决乡村资源约束趋紧、环境污染严重、生态系统退化的问题，在掌握乡村资源基本情况的基础上，必须采取一些"硬措施"，真抓实干才能见效。例如，采取能源和水资源消耗、建设用地总量和强度双控行动等措施。这就是说，既要控制总量，也要控制单位国内生产总值能源消耗、水资源消耗、建设用地的强度。这项工作做好了，既能节约能源和水土资源，从源头上减少污染物排放，也能推进乡村发展和生态文明建设同频共振，提高乡村振兴的绿色"底色"。

经过长期发展，我国耕地开发利用强度过大，一些地方地力严重透支，水土流失、地下水严重超采、土壤退化、面源污染加重已成为制约农业可持续发展的突出矛盾。根据当前资源环境面临的严峻形势，在继续实行能源消费总量和消耗强度双控的基础上，水资源和建设用地也要实施总量和强度双控，作为约束性指标，建立目标责任制，合理分解落实。要研究建立双控的市场化机制，建立预算管理制度、有偿使用和交易制度，更多用市场手段实现双控目标。

在粮食方面，当前，国内粮食库存增加较多，仓储补贴负担较重。同时，国际市场粮食价格走低，国内外市场粮价倒挂明显。利用现阶段国内外市场粮食供给宽裕的时机，在部分地区实行耕地轮作休耕，既有利于耕地休养生息和农业可持续发展，又有利于平衡粮食供求矛盾、稳定农民收入、减轻财政压力。

二、乡村走向城镇的"高碳陷阱"

乡村振兴战略在带动农村基础设施和公共服务发展的同时，也必然会带来能源消耗增加、环境负担加重等"副作用"。尤其是，乡村的城镇化进程可能会面临着"高碳陷阱"的挑战。

"高碳陷阱"是指某个地区（通常是城市）长期在能源消费上形成高能耗、高排放模式，并且在短期内很难改变的一种现象。"高碳陷阱"的产生，主要有两方面诱因：一是工业作为驱动当地经济发展的主要力量，带来了大量原材料和能源消费；二是当地土地等资源的利用效率持续低下，引发交通出行距离大、空间布局不合理等问题，导致能源消耗的增加。尽管乡村和城市差异巨大，但在乡村发展尤其是走向城镇的过程中，如果不注意发展的方式，也很容易陷入"高碳陷阱"。

注重资源节约，这是乡村绿色发展的基本特征。长期以来，我国"三农"领域存在着高投入、高消耗、资源透支、过度开发等问题。

一方面，对于经济社会较发达地区的乡村而言，可能会陷入和城市所面临的类似"高碳陷阱"困境。自20世纪90年代以来，我国不少城市出现了能源消费的高能耗、高排放模式。尽管乡村的产业布局、资源利用和居民生活等与城市有着很大差异，但是城市存在的问题也不同程度地困扰着经济社会较发达的农村或"半城镇化"农村。

另一方面，在乡村振兴过程中，要实现保增长、稳就业、惠民生的目标，仍然需要依赖环境资源的耗费。尤其是在城市出现交通拥堵、环境污染、地价高涨等"城市病"的背景下，农村鉴于其低廉的生产要素价格和优势的资源禀赋，成了城市产业转移的"承接者"，承接了许多高能耗甚至高污染的产业。与城市相比，我国农村还需要在长期的绿色发展与短期的经济增长之间做出选择。

面对乡村振兴中的"高碳陷阱"，要推进农村绿色发展，就是要依靠科技创新和劳动者素质提升，提高土地产出率、资源利用率、劳动生产率，实现农业节本增效、节约增收。在乡村振兴中推进资源全面节约和循环利用，坚持节约资源的基本国策，推进节能、节水、节地、节材、节矿，节约一切自然资源，实现农村生产系统和生活系统循环链接。

三、提升乡村资源利用效率

（一）实现土地的集约利用

推进乡村振兴，在一定程度上会加快城镇化的发展，然而建设和发展需要占用大量的土地，而且随着当地人口的持续增加，土地供需矛盾将日益尖锐。这就需要把节约集约用地作为转变的突破口和重要抓手。在资源全面节约和循环利用中，尤其注重土地的集约利用。具体包括三个方面：一是土地产出高效化，即不断增加存量土地投入，提高土地利用率，获得土地产出的最大化；二是土地布局和土地结构合理化，即土地利用方式之间高效协作；三是土地利用效益的综合化，即土地利用在追求经济效益的同时，应体现经济、社会和生态环境效应的统一。

（二）统筹考虑土地的多种功能

人们通常认为，林地、草地、湿地是生态用地，耕地则是生产用地。这是按照土地的主体功能来划分的。事实上，每种类型的土地都有多种功能。即便是耕地，也不仅仅是种植和生产用地。首先，耕地具有生产功能，集中表现在保障粮食安全上；其次，耕地还有生态功能，耕地与林地草地湿地一样，具有气候调节、产生和保护生物多样性等功能，以及维持生态系统稳定的功能；最后，耕地具有文化功能，农耕景观是人与自然取得某种融合的大地景观，且存在明显的地区差异，具有审美、教育、文化传承等功能。

（三）提高农业资源利用水平

要大力发展资源节约型、环境友好型、生态修复型农业，促进农业资源利用方式由高强度利用向节约高效利用转变，使透支的农业资源、环境得到休养生息。力争实现"一控两减三基本"。"一控"就是控制用水总量，加快发展节水农业，推广节水灌溉、水肥一体化、深耕深松等技术。"两减"就是减少化肥、农药使用量，实施化肥、农药使用量零增长行动，推进有机肥替代化肥，深入开展专业化统防统治和绿色防控融合，推广测土配方施肥。"三基本"就是地膜、秸秆、畜禽粪便基本资源化利用，打好面源污染治理攻坚战，综合治理养殖污染，推进残膜回收区域性示范。同时，要加强环境突出问题治理，强化东北黑土地保护，开展地下水严重超采区综合治理和重金属污染耕地修复试点。强化草原、渔业等农业资源保护。

一切自然资源的开发利用，都要坚持把长远利益与眼前利益相结合，经济效益、社会效益和生态效益协调统一的原则。对各种自然资源的开发利用，都应在切实可行的规划和保护措施的基础上，坚持因地制宜、充分开发、综合利用、高效利用。其中，走乡村绿色发展之路，提升乡村资源利用效率，尤其需要注重土地、矿产和水等资源的节约利用，提高乡村各类资源的利用水平。

第二节　绿色农业产业结构的构建

走乡村绿色发展之路，对于实施乡村振兴战略有着重要意义。作为中国特色社会主义乡村振兴道路的七根支柱之一，"坚持人与自然和谐共生，走乡村绿色发展之路"的首要任务就是构建绿色农业产业结构。根据市场需求推进农业结构调整，依靠科技引领推进农业转制升级，目的是增加绿色优质农产品供给，逐步建立起增收效果好、环境效益高、可持续发展的产业结构体系，最终实现产业强、百姓富、生态美的统一。

一、推进产业结构调整

实施乡村振兴战略是建设现代化经济体系的重要基础。农业是国民经济的基础，农村经济是现代化经济体系的重要组成部分。乡村振兴，产业兴旺是重点。因此，既要推进乡村产业结构调整，也要实现农业绿色发展，让农业"绿起来"。构建绿色农业产业结构，不是退回到传统农业发展模式，绿色农业产业结构的本质是以科学技术为支撑、以现代投入品为基础的集约产业模式。在乡村振兴中，深化农业供给侧结构性改革，构建现代农业产业体系、生产体系、经营体系，实现农村一、二、三产业深度融合发展，有利于推动农业从增产导向转向提质导向，增强我国农业创新力和竞争力，为建设现代化经济体系奠定坚实基础。

要深化农业供给侧结构性改革，夯实粮食生产能力和农业基础，突出优质、特色、绿色等调整优化农业结构，推动农村各产业融合发展。要充分发挥政策的导向作用、市场的激励作用、企业的引领作用，找准让乡村一、二、三产业"绿起来"的支点。例如，近年来，我国兴起一种新的乡村产业模式，即休闲农业和乡村旅游。它是以农业的生产、生态、生活环境为基础，结合旅游产业观光、休闲、度假、体验、养生等功能而开发的一种生态产品形式。休闲农业和乡村旅游，把自然风光、民族文化、农耕文化融入传统旅游文化，是促进乡村绿色发展的一条有效的路径。

但同时，面对休闲农业和乡村旅游发展势头迅猛的情况，各乡村也需要理性对待。近年来，乡村新兴产业存在一些问题，需要各乡村加以关注。

第一，管理粗放，缺乏整体规划。乡村旅游的客容量和环境承载能力是有限的。旅游旺季，游客大量涌入时，会让基础设施超负荷运载，给环境带来损害。一旦出现了垃圾围村、河流污染等状况，当地的生态饭碗也就被打碎了。休闲农业和乡村旅游的本质是生态旅游，必须把生态保护作为既定的前提，以认识自然、欣赏自然、不破坏其生态平衡为基础。如果不顾环境承载能力一味接纳游客，必然会破坏生态环境，而一旦生态失衡，所有的旅游产品也将荡然无存。

第二，千篇一律，过于商业化。旅游产品品质低端、乡情味不足、文化内涵缺失、配套不够完善等。千篇一律的观光果园、观光茶园、休闲渔场，多采用"观光+喝茶吃饭+打麻将牌"的开发模式，既缺失文化内涵，又缺乏深度体验的乐趣，难以形成长久的吸引力。休闲农业和乡村旅游的发展，必须立足当地自然资源，在充分挖掘、整合自然资源和文化资源的基础上，通过创新，开发出具有地方特色的生态旅游产品，只有这样才能保持长久的魅力。只有从社会效益和经济效益综合考虑，从传承人类文化的角度来设计，才能全方位提升旅游产品的品位，使人们在旅游过程中得到美的享受。

第三，盲目跟风，不考虑当地情况。休闲农业既需要"技术含量"，也需要"资源雄厚"，并不是所有乡村都适合开发休闲农业和乡村旅游。乡村发展旅游业，除了需要考虑自然禀赋、区位优势、道路交通便捷程度、市场认知和美誉度、文化基底外，还需要考虑运营、人才、创意、资金等多方面因素。如果盲目进行资源开发，很可能造成烂尾工程，损害资源，得不偿失。特别需要强调的是，生态保护与产业发展是密不可分的，没有生态资源作为依托，产业发展就没有基础；没有产业发展作为支撑，生态保护也难以持久。乡村振兴，产业和生态必须做加法，让二者融合发展。

二、引领农业转型升级

农业绿色发展是农业转型升级的一个重要方面，涵盖了绿色生产、绿色产品、绿色产业、绿色环境、绿色政策等方面。目前，我国农业绿色发展仍面临科技创新、社会服务和人才培养等若干挑战。农业的绿色发展是实现生态美、农村美的重要保障。大力推进农业转型升级，开展农业绿色发展行动，发展资源节约型、环境友好型农业，逐步把农业面源污染加重的趋势缓下来，把农业资源环境压力降下来。

（一）发展资源节约型农业，加快推进农业废弃物资源化利用

乡村要合理布局畜禽养殖，推进种养结合、农牧循环发展。一些生猪、奶牛、肉牛养

殖大县可以尝试整建制推进畜禽粪污资源化利用。推动落实沼气发电上网、生物天然气并网政策，推进沼渣沼液有机肥利用，打通种养循环通道。东北、华北地区的乡村可以开展秸秆综合利用试点，推广"秸秆农用十大模式"和秸秆打捆直燃集中供热等技术。西北、西南地区的乡村可以推进农膜回收，加快推进可降解地膜推广应用，淘汰生产和使用不符合标准的地膜。大力实施耕地质量保护与提升行动，强化土壤污染管控和修复。深入开展大美草原守护行，推进退牧还草、退耕还林还草等重大生态工程建设，严厉打击破坏草原的违法行为。华北、西北地区的乡村要推广节水小麦品种和水肥一体化等高效节水技术。

宜农则农、宜牧则牧、宜渔则渔、宜林则林，我国正逐步建立起农业生产力与资源环境承载力相匹配的生态农业新格局，解决农业资源趋紧问题，同时修复农业生态系统，这些都将成为乡村农业绿色升级的方向和助推。

一些地方近年来对乡村投资力度很大，搞环境整治和美化，却忽略了乡村内涵的培育和自我造血能力的提升，导致了发展后劲不足、发展走了弯路等问题。因此，必须对乡村绿色发展的具体方向进行科学论证，增强乡村的自我造血功能。应立足本土，扶持培养一批农村基层干部、农业职业经理人、乡贤能人，充分发挥他们在乡村绿色发展中的示范带头作用。同时，绿色产业还要有比较优势。在这方面，各个乡村、乡镇、县域要努力形成"一县一优势、一乡一品牌、一村一特色"的局面，在经济错位发展的地方竞争格局中，立足优势、找准位置，通过营销手段的信息化和产品、服务的标准化，扩大实体产业和产业服务的影响力，增强自身区域生态环境和经济发展的综合竞争力。

（二）发展环境友好型农业，持续推进化肥农药的减量使用

深入实施化肥农药使用量零增长行动，加快高效缓释肥料、水溶肥料、低毒低残留农药推广运用。有条件的乡村可以组织开展有机肥替代化肥试点，进而积极探索有机肥推广使用的有效途径。在充分准备的基础上，可以开展果菜茶病虫全程绿色防控试点，推广绿色防控技术，提升主要农作物病虫绿色防控覆盖率。组织开展兽用抗菌药减量使用示范创建。支持新型经营主体、社会化服务组织、国有农场开展化肥统配统施、病虫统防统治等服务。

第三节 乡村绿色发展的保障机制

全面建成小康社会，农村是重中之重，环境是突出短板。农村生态环境既是最薄弱的难点，也是最有潜力的突破点和创新点。党中央、国务院出台的一系列重要文件均对乡村

绿色发展做出了重要部署。这些重要批示指示和有关要求，为进一步推进乡村绿色发展指明了努力方向，提供了基本遵循和有力保障，标志着乡村绿色发展迎来了大有可为的机遇。

一、健全耕地保护和生态补偿制度，划定乡村生态保护红线

党中央、国务院做出一系列重大决策部署，乡村绿色发展实现了良好开局。但总体上看，农业主要依靠资源消耗的粗放经营方式没有根本改变，农村面源污染和生态退化的趋势尚未有效遏制，绿色优质生态产品供给还不能满足农村人民群众日益增长的需求。《乡村振兴战略实施情况的调查与思考》一文中指出了目前乡村绿色发展中存在的若干问题，比如：农业生态功能恢复和建设任务艰巨；废水灌溉、废气排放、固体废物倾倒、堆放和填埋、地膜残留、设施农业发展不规范等多种因素叠加，造成不少地方的耕地和地下水污染，对农村生态安全造成隐患；生态补偿机制尚须完善，一些村庄处于生态保护禁限制开发区，付出的机会成本较多，却没有得到相应的政策扶持和经济补偿；等等。因此，走乡村绿色发展之路，必须以绿水青山就是金山银山理念为指引，以资源环境承载力为基准，从源头抓起，采取扎扎实实的举措，形成内生动力机制。未来需要进一步强化以绿色生态为导向的保障机制。

第一，强化以绿色发展为导向的生态保护补偿政策，按照谁开发谁保护、谁受益谁补偿的原则，加大中央财政转移支付和收益地区财政支持力度，完善畜禽粪污、农作物秸秆、废旧农膜等农业废物多元化利用的财政补贴制度，健全耕地保护补偿制度等，国家和地方层面可以尝试建立耕地土壤修复基金，加大对农村生态清洁流域治理的财政支持。

第二，针对农药化肥过量使用的情况，在落实农药化肥使用量零增长的基础上，尽快确定投入品减量行动的目标和时间表，各地各级严格按照行动目标和时间表倒排，促进农业发展绿色化、可持续化。

第三，尽快划定乡村振兴和产业发展的生态红线。合理开发利用乡村自然资源，统筹山、水、林、田、湖、草等资源，在严格保护的基础上，尝试将其转化为产业优质和经济资源，促使良好生态环境转化为乡村振兴的"绿色支点"。

二、推动人才、科技创新成果等向乡村绿色发展领域倾斜

实施乡村振兴战略，必须破除人才瓶颈，还要推动科技创新成果向乡村倾斜。乡村需要重点关注以下两个方面：

首先，完善人才要素向乡村流动的保障机制。中央和各级政府要细化和落实各类专业技术人才返乡创业、扎根乡村、服务基层的扶持政策。在住房保障、子女入学、社保衔接

等方面创造良好的扶持环境，同时把人才的个人待遇、职称职务等和乡村振兴、服务基层的实际贡献相挂钩，确保人才引得来、留得住、有作为。

其次，自主创新是推动高质量发展、动能转换的迫切要求和重要支撑，必须创造条件、营造氛围，调动各方面创新积极性，让每一个有创新梦想的人都能专注创新，让每一份创新活力都能充分迸发。乡村绿色发展也要注重创新和科技成果的转化。通过科技创新和市场化建设，推动各类新型农业经营主体、基层农技推广机构、农业科研院所和高校建立创新创业联盟，促进科技成果快速转化，通过引进资金、技术、人才和先进管理经验，推进农业品牌化、市场化和专业化建设；通过给予信贷、用地、税收等优惠政策，实现生态农产品多层次、多环节的转化增值。

三、进一步发挥农民在乡村绿色发展中的主体地位

广大农民是乡村绿色发展的建设者、受益者和治理者，因此，要不断增强农民群众推进乡村绿色发展的责任感和积极性。

第一，坚持以人民为中心，把促进农民致富作为乡村绿色发展的基本出发点。推动农民持续增收，积极推动农村"三块地"转化为农民可经营、可收益的资本，赋予农民更多财产性权利。同时建立与农民紧密相关的利益联结机制，以此为前提，制定各类新型市场主体享受绿色发展的优惠扶持政策。通过保底分红、股份分红、利润返还等方式，推动形成农民通过绿色生态产业和产品持续增收的长效机制。

第二，各级党委政府要不断完善乡村基层组织，提升乡村基层治理能力。自然村和村民小组可以设立村民理事会，配合村委会开展村民自治和农村公共服务。可以尝试一事一议、以奖代补、以工代赈等方式，鼓励农民对直接受益的乡村基础设施建设投工投劳，对财政支持的小型项目，优先安排农村集体经济组织、农村合作组织作为建设管护的主体，增强广大农民群众推进乡村绿色发展的责任感和积极性。

第三，在农民群众中倡导改革创新精神、激发村民创新活力。宣传和倡导与时俱进、改革创新的文化和精神，激发农民群众保护生态环境、投身绿色发展的主观能动性。提升村民群体的技能水平和人才活力。以加强职业教育培养实用技能人才为切入点，将与乡村绿色产业发展相关的专项技能培训纳入补贴范围，提升农村劳动力就业质量。

推进乡村绿色发展，打造人与自然和谐共生的乡村振兴新格局，必须把握乡村区位特点、人文状况和生态环境的差异性，具体问题具体分析，不同地区的乡村要精准施策，找到适合自身的乡村绿色发展之路。那么，乡村如何根据自身特征来找到适合自身的绿色发展之路？

首先，要对本地乡村精准分析、精准规划。《乡村振兴战略规划（2018—2022年）》

已经出台，各地区各部门需要编制乡村振兴地方规划和专项规划或方案。规划的引领作用非常重要，如果不能充分理解乡村振兴的内涵，导致"千村一面"，就会浪费很多资源。因此，考虑到乡村的区位特征、自然禀赋、发展需求有着相当大的差异性，各地在制订当地的乡村绿色发展规划时，尤其要注意精准性。地域特征、地理条件、水土条件、资源禀赋、人文底蕴、产业基础，哪些能成片发展，哪些能沿线发展，哪些能以点发展，所谓"一方水土一方产业"。另一方面，在实现地域整体识别之后，要在地域内部再划分，判断每个乡村在当地的地位，综合考虑其发展需求，对症下药来布局产业格局。简言之，乡村振兴规划，既要区域一体，还要一村一策。

其次，要正视发展走势。当前，我国农村形态格局正处于大调整、大变动之中。一些城市近郊的乡村可能会聚集更多人口、产业转型升级并走向城市化，另一些区位偏远或生态脆弱的村落则可能走向限制或禁止开发。因此，乡村要正视自身的发展走势，对于保留或整治、壮大或缩减等方案对策都要有所准备。而且，我们要意识到，乡村绿色发展不会一蹴而就，而是一项系统工程，需要久久为功。以生态修复为例，按照自然修复为主的原则，有些南方乡村可能几年就能得到基本恢复，但有些北方乡村可能需要几十年甚至上百年的修复周期，因此，要允许不同的发展速度，不能急于求成。

概括来说，乡村千差万别，没有固定不变的发展模式。各地要因地制宜，坚持先点后面、示范引领，从不同区域的实际出发，明确不同村庄和不同阶段乡村绿色发展的发展要求和具体目标，分梯次、有重点、多样化推进乡村绿色发展。乡村绿色发展之路，既要尽力而为，也要量力而行，有序推进。

参考文献

[1] 张秋菊. 地方高校服务乡村振兴的路径研究［M］. 长春：吉林出版集团股份有限公司，2022.

[2] 张孝德. 乡村振兴探索创新典型案例［M］. 北京：东方出版社，2022.

[3] 张细松. 乡村振兴视域下养老普惠金融研究［M］. 青岛：青岛出版社，2022.

[4] 刘伟国. 乡村振兴战略背景下的中国传统村落［M］. 太原：山西人民出版社，2022.

[5] 王润，王华斌. 现代乡村社会治理系列助力乡村振兴出版计划乡村治理实务及案例分析［M］. 合肥：安徽科学技术出版社，2022.

[6] 练庆伟. 乡村振兴中农村精神文明建设研究面向农民日常生活的视角［M］. 太原：山西教育出版社，2022.

[7] 彭玲艺. 乡村振兴视域下的乡村小学教师教育信念研究［M］. 成都：西南交通大学出版社，2022.

[8] 赵强社. 中国乡村振兴第1辑［M］. 北京：中国农业出版社，2022.

[9] 刘彦侠，王晓菊，郭静. 乡村振兴法律法规［M］. 北京：中国农业科学技术出版社，2022.

[10] 梁策. 乡村振兴实践［M］. 北京：经济日报出版社，2022.

[11] 郭小嫚. 乡村振兴研究报告［M］. 北京：研究出版社，2022.

[12] 孙若风，宋晓龙，王冰. 乡村振兴蓝皮书中国乡村振兴发展报告2021［M］. 北京：社会科学文献出版社，2022.

[13] 袁建良. 五谈乡村振兴［M］. 长沙：湖南人民出版社，2022.

[14] 杜晓燕，王刚. 走进乡村振兴［M］. 北京：中国纺织出版社，2022.

[15] 王连芳. 乡村振兴的福建解读［M］. 福州：福建海峡文艺出版社有限责任公司，2022.

[16] 史丹，曲永义. 中国乡村振兴年鉴2022［M］. 北京：经济管理出版社，2022.

[17] 刘祥. 乡村振兴实施路径与实践［M］. 北京：中国经济出版社，2022.

[18] 李根强，王平，李红俊．乡村振兴之"三农"政策［M］．北京：中国农业科学技术出版社，2022．

[19] 邓国胜．乡村振兴研究第2辑：社会组织与乡村振兴［M］．北京：经济管理出版社，2022．

[20] 陈文胜．乡村振兴蓝皮书湖南乡村振兴报告2022［M］．北京：社会科学文献出版社，2022．

[21] 曾炜．乡村振兴法治保障研究［M］．武汉：武汉大学出版社，2022．

[22] 智广俊．烟台经验乡村振兴之路［M］．北京：中国城市出版社，2021．

[23] 刘振伟．万世根本：乡村振兴法律制度［M］．北京：中国民主法制出版社，2021．

[24] 陈锡文，韩俊．农村全面小康与实施乡村振兴战略研究［M］．北京：中国发展出版社，2021．

[25] 霍军亮．农村基层党组织引领乡村振兴的理论与实践［M］．武汉：武汉大学出版社，2021．

[26] 张晶，刘炜．乡村振兴战略下小城镇发展技术选择研究［M］．北京：九州出版社，2021．

[27] 张锋．乡村振兴视域下农村社区协商治理研究［M］．武汉：武汉大学出版社，2021．

[28] 张孝德．大国之本乡村振兴大战略解读［M］．北京：人民东方出版传媒有限公司，2021．

[29] 孔令刚．乡村振兴战略背景下的农业支持保护政策研究［M］．北京：光明日报出版社，2021．

[30] 赵斌，俞梅芳．江浙地区艺术介入乡村振兴路径选择与对策研究［M］．北京：中国纺织出版社，2021．

[31] 尤影．乡村振兴背景下农村电商可持续发展研究［M］．长春：吉林大学出版社，2021．

N